IATROS Verlag • Unterwegs am Mekong

Für meine Großmutter
(1911 – 2003)

Sabine Ludwig

Unterwegs am Mekong

Eine Reise durch

Burma • Laos • Vietnam • Kambodscha

IATROS Verlag • Nierstein

Bibliografische Information der Deutschen Bibliothek
Die Deutsche Bibliothek verzeichnet diese Publikation in der Deutschen Nationalbibliografie; detaillierte bibliografische Angaben sind im Internet über http://www.ddb.de abrufbar.

Herstellung: Iatros-Verlag & Services GmbH, Nierstein/Rh.
Druck & Bindung: SDL, Berlin

ISBN 3-937439-52-8

Ich sehe die blauen und roten Stempel an,
blättre voller Bewunderung in unlesbaren Unterschriften
und vielsprachigen Tintenklecksen,
falte fromm die Hände …
Dann stecke ich den Pass in die Hosentasche
und mache mich auf die Reise.

Kurt Tucholsky

Vorwort

Es war kurz vor der Jahrtausendwende als ich nach längerer Zeit in Hongkong nach Deutschland zurückkehrte. Asien hatte mich neugierig gemacht. Ich wollte mehr entdecken, vor allem eben auch die anderen Gesichter eines Kontinents, der mit Attributen wie Tigerstaaten, Wirtschaftsboom, Disziplin und Fleiß belegt ist. Als Journalistin bedeutete es für mich eine Herausforderung, auch das andere Asien kennen zu lernen, nämlich die Länder des früheren Kotchinchina, die in der Weltpresse meistens nur am Rande erwähnt werden.

Eine Chronik im Tagebuchstil zu verfassen und über Geschehnisse und Zustände zu berichten, die ich selbst erlebt habe, war nicht von Anfang an geplant. Mit dem Buch habe ich erst nach meiner Rückkehr begonnen. Es wird jedoch auf mancherlei Widersprüche stoßen. Die Verhältnisse haben sich verändert, beispielsweise ist der Alltag in Kambodscha friedlicher und das Reisen einfacher geworden. So hat die Globalisierung in Form von Fortschritt und Wohlstand heute auch diesen Teil Asiens längst erreicht. Man kommuniziert mit E-Mails, auch Handys und Internet sind aus dem Alltag nicht mehr wegzudenken. Die Zeit davor, die des Übergangs, konnte ich noch erleben und rückblickend festhalten.

Das Tagebuch war ein ständiger Begleiter gewesen. Bei der Recherche zu diesem Buch wurden mir die täglichen Notizen und Skizzen unentbehrlich. Indochina hatte mich unerwartet schnell in seinen Bann gezogen. Noch heute kann ich mich an einzelne Gerüche, Farben und Stimmungen erinnern.

Vor meiner Abreise waren es nur einzelne Länder auf der Weltkarte gewesen, mit unendlichen Reisfeldern, einer Kultur, die mich interessierte und einer reichen, nicht immer angenehmen Vergangenheit. Schließlich stand mein Entschluss fest. Ich organisierte das Nötigste und nach wenigen Wochen in Deutschland war ich wieder am Flughafen.

Die Reise nach Indochina konnte beginnen.

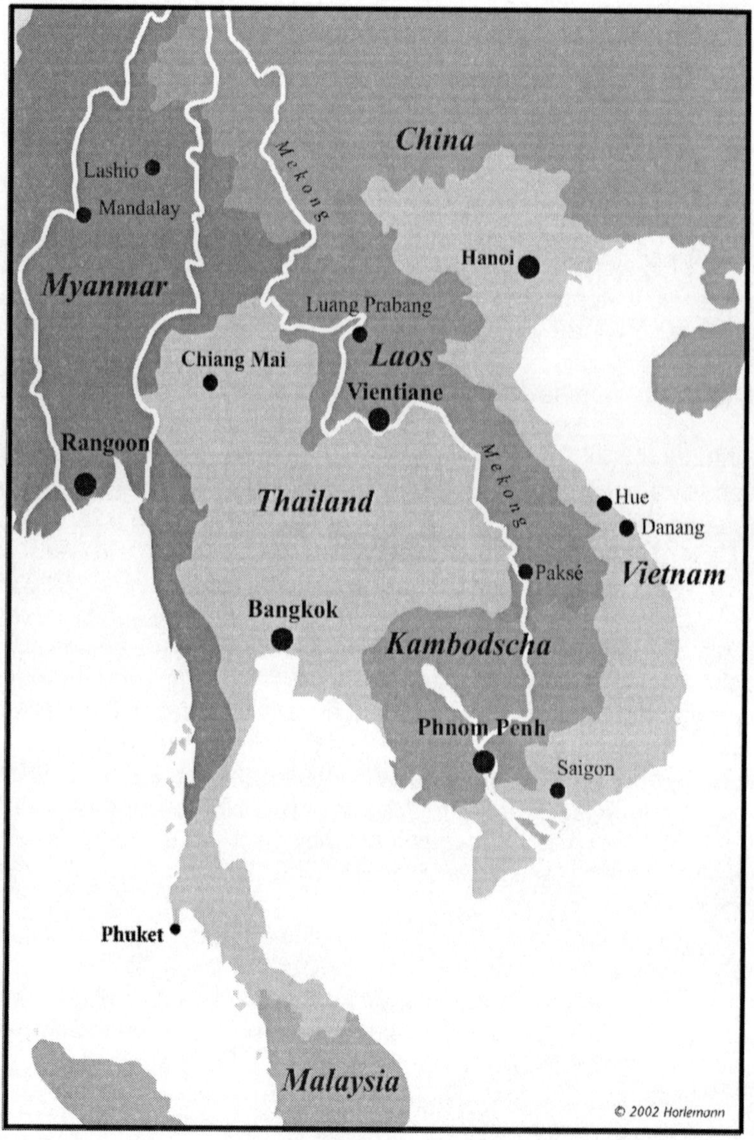

China
Lashio
Mandalay
Mekong
Myanmar
Hanoi
Luang Prabang
Chiang Mai
Laos
Vientiane
Rangoon
Mekong
Thailand
Hue
Danang
Paksé
Vietnam
Bangkok
Kambodscha
Phnom Penh
Saigon
Phuket
Malaysia
© 2002 Horlemann

Aufbruch

Grauweiße Wolken verkünden Schnee, als ich im Zug zum Frankfurter Flughafen sitze. Entspannt lehne ich mich im Sitz zurück und versuche mich zu erinnern, wie Bangkok vor acht Jahren war. Ich hatte gehört, dass sich alles sehr verändert hätte, doch sei die Khao San Road noch nach wie vor das Ziel vieler Rucksackreisender aus aller Welt. Vor acht Jahren hat mich die lässige Atmosphäre dieser Straße mit ihren vielen Gesichtern, den Gasthäusern, Kneipen, winzigen Boutiquen und wohlriechenden Garküchen sehr beeindruckt. Das alles geht mir nun durch den Kopf, während draußen der Himmel seine Schleusen öffnet und dicke Schneeflocken auf eine graue Welt herabrieseln.

Am Flughafenschalter gibt es die ersten Probleme. Sie treffen mich vollkommen unerwartet. Beim Einchecken erklärt mir die unfreundliche Schalterdame, dass ich mit meinem Flugticket überhaupt nicht nach Thailand einreisen könne, da mein Rückflugdatum erst in mehreren Monaten sei.

„Thailändische Visumbestimmungen erlauben nur einen Aufenthalt von maximal vier Wochen!"

Ungeduldig erwidere ich, dass ich Thailand nur als Sprungbrett für die Weiterreise nach Burma benutzen will. Sie holt einen Kollegen, der mir ihre Aussage mit einem überheblichen Blick durch seine randlose Brille bestätigt. Schließlich bietet er mir gnädig an, den Heimflug vorzuverlegen. Nach endlosen Klappern auf der Tastatur des Computers meint er achselzuckend, dass sämtliche Rückflüge innerhalb eines Monats ausgebucht seien. Als zusätzliche Alternative schlägt er mir den Weiterflug nach Singapur oder Kuala Lumpur vor, um bei eventuellen Einreiseschwierigkeiten einen Weiterflug innerhalb der nächsten vier Wochen beweisen zu können. Dieses Chaos raubt mir den letzten Nerv, denn ich will weder nach Singapur noch nach Kuala Lumpur, sondern nach Burma. Da die Nerven des Kollegen mittlerweile ebenso strapaziert sind wie meine, übergibt er den Fall an eine ältere Dame am Ticketschalter. Mit einer stoischen Ruhe bedient sie ihrerseits den Computer erneut und findet – ich kann es kaum glauben – zu unserer aller Überraschung noch einen freien Platz innerhalb des besagten Zeitraumes. Alles geht nun recht schnell, und endlich halte ich die Bordkarte in der Hand.

Der Flieger ist voll. Wie begehrt doch Thailand als Reiseziel immer noch ist! Ostern ist erst in zehn Tagen, und die Ferien haben noch nicht einmal begonnen. Fast gelingt es mir, einzuschlafen, doch mangelnde Beinbewegungsfreiheit verhindert das schließlich.

Wiedersehen mit Thailand

Am folgenden Tag um die Mittagszeit landen wir in Bangkok. Überraschend schnell sind die Einreiseformalitäten erledigt. Nach dem Ausreisedatum werde ich nicht gefragt. Hatte ich es doch gewusst! Die deutsche Bürokratie ist eben mit der thailändischen nicht zu vergleichen.

Am Informationsschalter frage ich nach dem Bus in die Innenstadt zur Khao San Road. Mit Blick auf meinen Rucksack und einem wissenden Lächeln weist man mich auf den Bus Nummer 59 hin. Es gibt zwei Busse mit der Nummer 59; jedoch kommt nur der mit der blauen 59 auf der Windschutzscheibe für mich in Frage. Als ich aus dem Flughafengebäude trete, nimmt mir die feuchte Hitze zunächst den Atem. Langsam und mit Schweißperlen auf der Stirn gehe ich zur Bushaltestelle. Mein Rucksack ist schwerer als erwartet, obwohl ich doch nur so wenig wie möglich mitgenommen habe.

Unzählige rote 59er fahren vorbei. Der Verkehr wälzt sich durch einen dichten Schleier aus Smog und Abgasen. Ich halte mir ein Taschentuch vor Mund und Nase. Den Umstehenden scheint die verschmutzte Luft nichts auszumachen. Die ungewohnte Hitze lähmt mich, und ich überlege mir, ein Taxi oder *Tuk Tuk* – ein motorradähnliches Gefährt – zu nehmen. Endlich kommt der blaue 59er. Ich steige ein, und die Schaffnerin erkennt sofort mein Ziel: Khao San Road. Verständnisvoll nickt sie mir zu, während sie den Fahrpreis von wenigen Cent kassiert. Wie beruhigend für mich zu wissen, doch endlich einmal ans Ziel zu kommen.

Der Bus quält sich langsam durch den dichten Verkehr. Die stickigen Abgase strömen durch die geöffneten Fenster herein. Ich bin so müde, dass mir fast die Augen zufallen. Nach unendlich langen zwei Stunden gibt mir die Schaffnerin das Zeichen zum Aussteigen. Allmählich kommt auch meine Orientierung zurück. Es sind nur fünf Minuten zu Fuß, dann lese ich schon das Schild „Thanon Khao San“. Die Straße kommt mir größer, hektischer und unübersichtlicher vor. Das Gasthaus, in dem ich vor acht Jahren logierte, existiert zwar noch, doch wirkt es vernachlässigt. Außerdem sind alle Zimmer belegt. Ich beschließe, mir in aller Ruhe eine bessere Unterkunft zu suchen. Bald habe ich das Passende gefunden.

Das Zimmer ist zwar teurer als die übrigen Unterkünfte, aber geräumig und sauber mit einem großen Ventilator über dem Bett und Holzdielen, die nach Bohnerwachs riechen. Vor dem Hauseingang türmen sich eine stattliche Anzahl von Schuhen – abgewetzte Gummilatschen, schicke Sandaletten und mehrere Tennisschuhe. Auch ich muss meine Boots ausziehen, denn im Haus geht jeder barfuß. Auf Knopfdruck setzt sich der Ventilator knarrend in Bewegung. Zum Glück habe ich, wie auf jeder Reise, meine Ohrenstöpsel dabei, die mir trotz ächzendem Propeller eine ruhige Nacht garantieren. Mittlerweile gehört diese wunderbare Erfindung zu meinen wichtigsten Reiseutensilien!

Ich freue mich auf eine kalte Dusche, die aber leider lauwarm ausfällt. Dann mache ich mich auf den Weg, um sentimentale Erinnerungen an die alte Straße aufzufrischen. Es gelingt mir nicht so recht, denn zu sehr hat auch hier der Fortschritt Einzug gehalten. Nicht nur die Preise haben sich angepasst, auch das Lächeln der Einheimischen ist kommerzieller geworden. *Time is money* lautet nun die Devise. Etwas enttäuscht schlendere ich durch die kleinen Nebengassen und lese immer wieder Plakate, auf denen Thaimassagen angepriesen werden. Neugierig geworden trete ich näher und sehe in offenen Räumen mehrere Matratzen, auf denen Touristen wie Einheimische seltsam verrenkt daliegen und sich von Händen, Ellbogen, Knien und Füßen durchkneten lassen. Später erfahre ich, dass dieser Salon unter den Massage-Etablissements die beste Adresse sei. Ich denke an meinen schmerzenden Rücken und setze mich auf die Wartebank. Dabei beobachte ich die Gesichter derjenigen, die sich von mehr oder weniger robusten Thai-Frauen und -Männern behandeln lassen. Mal sind sie schmerzverzerrt, mal entspannt. Ich werde aufgerufen und in den ersten Stock geführt, wo drei Matratzen in einem großen klimatisierten Raum nebeneinander liegen. Die Kühle der Klimaanlage wirkt im ersten Augenblick sehr erfrischend, doch bald wird es mir zu kalt. Meine Masseurin ist klein und untersetzt. Ihre kräftigen Arme weisen auf lange Jahre einschlägiger Praxis hin. Ich beschließe, mich meinem Schicksal zu ergeben und vertraue auf das Know-how der jungen Dame, um mir die künftige Rucksackschlepperei durch entsprechende Behandlung meiner Rückenmuskulatur zu erleichtern.

Die Kleidung behalte ich an. Begonnen wird mit den Beinen, dann kommen Füße, Arme, Rücken und Nacken an die Reihe. Am Anfang erscheint mir das Kneten, Ziehen und Drücken wie eine Tortur, doch allmählich kann ich mich entspannen. Die anfänglichen Schmerzen, verursacht durch die Reflexzonenmassage an den Füßen, lassen bald nach. Für jeden westlichen Touristen erscheint diese Form der Massage zunächst unverständlich, da sie im Augenblick der Behandlung wenig zur Entspannung beiträgt. Das Wohlbefinden kommt erst danach.

Anschließend fühle ich mich erschöpft und müde. Auf dem Weg zu meiner Unterkunft kreuze ich die Khao San Road erneut. Die Lokale sind voll und lautstarke Musik dröhnt aus zahlreichen Verstärkern. Idylle und Ruhe hat diese Straße nicht zu bieten. Für mich ist sie nur eine Zwischenstation und wichtig für die Organisation meiner Weiterreise.

Plötzlich, ich traue meinen Augen kaum, sehe ich ein bekanntes Gesicht mit schnellen Schritten an mir vorbeilaufen. Tatsächlich ist es Charles, dem ich auf meiner Südamerikareise vor einigen Jahren viermal an verschiedenen Orten begegnet bin! Der dynamische Engländer reist seit vielen Jahren schon durch die Welt und aufgrund seiner Kontaktfreudigkeit kennt man ihn fast überall auf dem Globus. Der 59-Jährige ist noch so fit wie ein Vierzigjähriger und erklimmt Berge mit einer Ausdauer und Schnelligkeit, von der ich nur träumen kann.

Als ich seinen Namen rufe, erkennt er mich sofort und kommt freudestrahlend mit ausgestreckten Armen auf mich zu. Den Rest des Abends feiern wir unser Wiedersehen mit Cola und Mekong-Whisky. Die Müdigkeit ist verflogen. Zu spannend und aufregend sind die Geschichten und Abenteuer, die wir uns zu erzählen haben. Erstaunt stelle ich fest, dass Charles schon wieder die halbe Straße kennt, denn überall werden wir mit „hallo“ und „wie geht´s?“ begrüßt. Wie einst in Montevideo, La Paz, Cuzco und am Titicaca-See!

Erst nach Mitternacht falle ich todmüde ins Bett. Ich schlafe schlecht, denn trotz meiner Ohrenstöpsel höre ich den altersschwachen Ventilator über mir unermüdlich seine Runden drehen. Die Schwüle der Nacht trägt zu meiner Unruhe bei, und immer wieder wache ich schweißgebadet auf. Nichtsdestotrotz bin ich am nächsten Morgen fit und munter. Charles wartet bereits auf mich, und gemeinsam erledigen wir die Formalitäten meiner Weiterreise. In einem der winzigen Reisebüros beantrage ich das Visum für Burma und buche den Flug in die Hauptstadt Yangon und wieder zurück nach Bangkok. Alles sei problemlos, erfahre ich, und erleichtert unternehmen Charles und ich mit dem Bus einen Ausflug in die ehemalige Hauptstadt Ayutthaya nördlich von Bangkok. Für einen Tag erscheint uns die Tour optimal, denn viel Zeit bleibt nicht mehr. Charles plant bereits seine Weiterreise nach Vietnam, während ich mich auf das Abenteuer Burma vorbereite. Das Land hat einen ganz besonderen Reiz, denn nach einer ein- und später zweiwöchigen Öffnung bekommt man nun erstmals ein Visum für vier Wochen. Und ich habe vor, diese Verlängerung voll zu genießen, denn Burma soll noch all die Ursprünglichkeit und Tradition besitzen, die Thailand längst abhanden gekommen ist. Erwartungsvoll blicke ich dem schon jetzt entgegen.

Mit dem Fahrrad durch Ayutthaya

Auch in der alten Königsstadt ist es erdrückend heiß. Wir haben nur ein paar Stunden Zeit, um uns die Pagoden und Tempel anzusehen. Der *Lonely Planet*-Reiseführer rät, die Altertümer per Drahtesel zu erkunden. Ein Fahrradverleih ist leicht zu finden, und nachdem wir mit dem Besitzer einen fairen Preis ausgehandelt haben, schwingen wir uns auf die Räder. Es herrscht ziemlich viel Verkehr, und wir bahnen uns einen Weg durch beißende Autoabgase, lärmendes Gehupe und quietschende Bremsen. Nur immer recht zielstrebig drauflos fahren und keine Angst zeigen, lautet unsere Devise. So schaffen wir schließlich den Weg zu den Sehenswürdigkeiten.

Die Stadt wurde im Jahr 1350 von Rama Thibodi I. gegründet und bildete fast 400 Jahre lang das Machtzentrum des Landes. Hunderte von prächtigen Tempeln zeugten von der blühenden Kultur des Reiches. Zahlreiche Künstler wurden als Kriegsgefangene aus benachbarten Regionen verschleppt, um die Tempel entsprechend zu gestalten. Doch unzählige Kriege gegen burmesische Invasionen endeten für Ayutthaya katastrophal. 1767 wurde die Stadt fast vollständig zerstört, und die einstmals glänzende Metropole zerfiel. Heute stellen die Tempelanlagen durch den Tourismus eine wichtige Einnahmequelle dar.

Wir besichtigen viel, und vor lauter Begeisterung merke ich kaum die zunehmende Müdigkeit. Auch die Zeitverschiebung habe ich noch nicht ganz verdaut, und sie verschlimmert meinen Zustand nur noch. Der Tritt in die Pedale wird immer langsamer, so dass es auch Charles auffällt, der munter rund 50 Meter vor mir herradelt. Als er mir vorschlägt, eine Pause einzulegen, stimme ich dankbar zu.

Wir suchen uns an einem kleinen See ein schattiges Plätzchen. Kaum liege ich im Gras, fallen mir die Augen zu. Vom tiefen Schlaf halten mich nur die zahlreichen Ameisenbisse und ein herrenloser Hund ab, der sich mit seinem weichen Bauch auf meine nackten Füße plumpsen lässt und nicht mehr von der Stelle weicht. Charles schafft es schließlich, ihn mit tierischen Lauten an eine etwas weiter entfernte Stelle zu locken. Gegen Abend wird es endlich kühler, und meine Lebensgeister kehren zurück. Wir radeln am Wat Yai Chai Mongkol vorbei, und ich stelle mir vor, wie einst

Mönche im nun zerfallenen Inneren meditierten, begleitet von monotonen brahmanischen Gesängen.

Wir entscheiden uns, mit dem Zug zurückzufahren. Angeblich soll das schneller und bequemer sein. Letztendlich mangelt es nur am Komfort, denn wir bekommen keinen Sitzplatz. Wir stehen im überfüllten Gang, und bald überfällt mich die Müdigkeit erneut. Nach eineinhalb Stunden bin ich froh, wieder in Bangkok zu sein und mit dem *Tuk Tuk* zur Khao San Road zu gelangen, um endlich meinen längst überfälligen Schlaf nachzuholen.

Am nächsten Morgen sind die letzten Anzeichen meines *Jetlags* verschwunden. Ich fühle mich wach und ausgeruht. Mein Burma-Visum liegt bereit, und ich habe eine Reservierung für den Abendflug. Um 15 Uhr soll ich mein Flugticket bekommen, so dass ich anschließend gleich zum Flughafen fahren kann. Ich beschließe, den heutigen Tag ruhig angehen zu lassen. Mein Tagebuch muss auf den neuesten Stand gebracht werden, und auch der Reiseführer über Burma hat mich neugierig gemacht.

Charles fliegt heute weiter nach Vietnam. Ich treffe ihn zum Frühstück. Erwartungsvoll blickt er auf das für ihn fremde Land. Wenn überhaupt, wo und wann werde ich Charles wohl wiedersehen? Uns verbindet schon eine ganze Menge: Ähnliche Abenteuer, die wir in Südamerika erlebt haben, wie auch die Faszination für Asien und dieser ständige Hunger nach dem Neuen und Unbekannten. Charles ist kein Mann vieler Worte, und der Abschied passiert in wenigen Sekunden, obwohl ich mir einbilde, in seinen Augen so etwas wie einen Anflug von Traurigkeit aufblitzen zu sehen. Die Begegnung mit ihm hat in mir doch eine gewisse Sentimentalität geweckt, denn Erinnerungen an längst vergessene Erlebnisse in anderen Ländern wurden plötzlich wieder wach. Zugegeben, auch mich stimmt der Abschied etwas traurig. Doch ich konzentriere meine Gedanken nun erst recht auf das vor mir liegende neue Land abseits der allzu bekannten Touristenpfade. Das Reisen dort soll beschwerlich sein, doch Ungewöhnlichkeit hat eben ihren Preis!

Weiterflug mit Hindernissen

Nach einem ruhigen Tag betrete ich pünktlich am Nachmittag das Reisebüro, in dem mein Flugticket auf mich warten soll. Als ich danach frage, fängt die verantwortliche Dame plötzlich an, nervös ihre Unterlagen zu durchsuchen. Ich ahne Schlimmes, versuche aber, meine düsteren Gedanken zu verdrängen. Bald hat sich meine Vermutung bestätigt: Mein Ticket ist nicht da! Eine Schrecksekunde lang verharre ich reglos. Die Frau beginnt, hektisch zu telefonieren. Dabei hält sie zwei Hörer gleichzeitig an ihre Ohren. Auch ich werde von Minute zu Minute nervöser, denn innerhalb der nächsten zehn Minuten muss ich auf dem Weg zum Flughafen sein. Dann kommt die vernichtende Mitteilung: Der Überbringer des Flugtickets hat sich im Reisebüro geirrt. Mein Ticket liegt also irgendwo in einem anderen Reisebüro und Stadtteil. Somit ist es unmöglich geworden, es noch rechtzeitig zu bekommen. Angesichts der ausweglosen Lage steigt Zorn in mir hoch. Ich versuche, ruhig zu bleiben, doch kann ich nicht umhin, einen heftigen Fluch auszustoßen. Immerhin auf deutsch, so dass die Dame nicht allzu unangenehm berührt wird. Meine Reise nach Burma beginnt somit recht unglücklich – nämlich mit einem verpatzten Flug und damit überhaupt nicht.

Der nächste Morgenflug ist ausgebucht. Mir wird ein freier Platz am folgenden Abend zugesichert. Aus einem ruhigen Tag werden zwei! Mittlerweile geht mir Bangkok auf die Nerven; zu sehr habe ich mich schon auf Burma gefreut. Ich habe Zeit, mich weiter in die Geschichte zu vertiefen. Außerdem besichtige ich – wohl eher lustlos – noch zwei Tempel, die ich auf dem Wasserweg, über den Chao Phraya hinüber, erreiche. Ich hatte mich eigentlich darauf verlassen, bereits im Nachbarland zu sein.

Endlich halte ich das ersehnte Flugticket in den Händen. Ich kann es noch gar nicht glauben, da ich wieder mit irgendwelchen Schwierigkeiten gerechnet hatte. Die Tatsache, weiterreisen zu können, begreife ich erst so richtig, als ich in der Abflughalle des Bangkoker Flughafens bin.

Burma – Ankunft im goldenen Land

Nach etwas mehr als einer Stunde Flug tauchen unter mir in der Dunkelheit die spärlichen Lichter von Burmas Hauptstadt Yangon auf. Seit 1988 wurden sämtliche, auf das koloniale Erbe verweisende Ortsbezeichnungen geändert. Aus Rangoon wurde Yangon, und auch das Land selbst bezeichnet sich seit 1989 als Union von Myanmar. Bereits Marco Polo verwendete in seinen Beschreibungen diesen Namen, der dadurch eine lange Tradition aufweist. Doch ist die Bezeichnung Burma in unserer westlichen Welt immer noch viel geläufiger. Im Verlauf meiner Reise stelle ich fest, dass es völlig egal ist, ob ich nun Burma oder Myanmar sage. Schließlich kann es passieren, dass über kurz oder lang die kolonialen Namen wieder eingeführt werden. So ist es verständlich, dass nicht allzu viel Energie auf die Richtigstellung der Namen verwendet wird.

Das Flughafengebäude ist klein und weist auf den ersten Blick ein sozialistisches Ambiente auf. Ich vermeide den Zwangsumtausch von 300 Dollar in FEC *(Foreign Exchange Currency)*, indem ich einfach am Geldschalter vorbeilaufe. Niemand hält mich auf. Wahrscheinlich ist es die Gunst der Stunde, denn überall blicke ich in gähnende, müde Gesichter.

Das White House-Hotel wurde mir als Unterkunft empfohlen. Als ich an der Hotelinformation des Flughafens danach frage, bekomme ich eine kostenlose Taxifahrt angeboten. Der Fahrer werde über eine Provision entlohnt, erfahre ich später. Die nächsten Tage logiere ich also in dem kleinen gemütlichen Hotel. Die Zimmer sind zwar ohne Fenster, aber mit altmodischen, offensichtlich noch aus der Kolonialzeit stammenden Belüftungssystemen versehen. Die Atmosphäre ist großartig, denn das Hotel entpuppt sich als Treffpunkt von Rucksackreisenden aus aller Welt und ist deshalb eine nie versiegende Quelle an aktuellen Informationen zu Land und Leuten. Jeden Abend trifft man sich mit den unterschiedlichsten Typen auf dem großen alten Ledersofa in der Lobby, um zu reden oder einfach nur den Geschichten zuzuhören, die Anlass zu erneutem Fernweh geben oder bestehendes noch vertiefen. Und dank der vielen Tipps kann ich meine Reisepläne effizienter gestalten. Zu später Stunde werden zu Gitarrenklängen burmesische Volkslieder gesungen. Die Abende in

Yangon sind auch ohne Bar- und Diskothekenbesuche lang und unterhaltsam. Vom ersten Augenblick an fühle ich mich hier wohl.

Mein vierwöchiger Aufenthalt will gut durchdacht sein, und so verbringe ich viel Zeit mit dem Lesen des Reiseführers. Außerdem komme ich nicht umhin, doch einige Travellerschecks in FEC zu tauschen. Auf dem Schwarzmarkt bekomme ich dafür dann gute Umtauschkurse in die lokale Währung Kyat. Sämtliche Hotels, Eintrittsgebühren und auch einige Beförderungsmittel müssen mit harter Währung – FEC oder Dollar – bezahlt werden. Die Regierung kontrolliert immer noch sehr stark den Tourismus, und alle Fremden werden genau registriert.

Ich habe mir oft Gedanken gemacht, inwieweit es überhaupt sinnvoll ist, Burma zu bereisen und dadurch gleichzeitig das Militärregime mit Devisen zu unterstützen. Als Alternative bliebe also nur, das Land zu boykottieren und dadurch wahrscheinlich nie die Gelegenheit zu bekommen, es kennen zu lernen. Doch mit meinem vierwöchigen Aufenthalt und dem mir zur Verfügung stehenden Reisebudget werde ich dem System wohl nicht allzu nützlich sein.

Es ist drückend heiß und nach wenigen Minuten bin ich schweißgebadet. Noch viele koloniale Bauten sind erhalten geblieben, auch wenn sie sich bereits im Stadium des Verfalls befinden. Dazwischen wirken die chinesischen Plattenbauten nüchtern und deplaziert. Einige Tage widme ich mich der Hauptstadt und ihren Sehenswürdigkeiten. Am prachtvollsten sind die Pagoden, kurz Payas genannt, die in unterschiedlichen Größen quer durch Yangon verstreut liegen. Die Sule-Pagode gilt als Mittelpunkt der Stadt und ihre goldene Kuppel lässt sich schon von weitem erkennen. In wechselnden Farben erstrahlt das Blattgold zu den verschiedenen Tageszeiten. Ich überlege mir, wie solcher Prunk in einem der ärmsten Länder der Welt entstehen konnte. Im Gegensatz hierzu wirkt der Alltag der Burmesen schlicht und einfach.

Immer wieder wird meine Erkundungstour von plötzlichen Durstanfällen unterbrochen, und die Aufenthalte in den kleinen Teeläden und Mini-Restaurants werden zu besonderen, manchmal auch eigenartigen Erlebnissen. Es gibt noch nicht allzu viele Touristen, so dass meine Gegenwart mit besonderer Aufmerksamkeit bedacht wird. Jedoch wird mir das nie lästig, obwohl ich oftmals die gleichen Fragen hintereinander beantworten muss. Auch spätere Begebenheiten beweisen stets von neuem die Liebenswürdigkeit, Hilfsbereitschaft und Menschlichkeit, die von diesem Volk ausgeht.

Und eine weitere angenehme Eigenschaft stelle ich fest: Die Menschen sind noch nicht profitorientiert. Bedingungslos werden Begegnungen gesucht, die einfach nur dem menschlichen Miteinander dienen. Ich frage mich, wie lange diese Art des Umgangs wohl noch anhält. Spätestens wenn Burma zum Ziel des westlichen Erlebnistourismus wird, geschieht die Veränderung. Mir wird bewusst, dass ich hier das Asien gefunden habe, wie ich es mir vor fünfzig Jahren hätte vorstellen können und wonach ich bis jetzt vergeblich gesucht hatte.

Der Spätnachmittag gehört einem der heiligsten Schauplätze des Landes. Die Shwedagon Paya, majestätisch auf einem Hügel plaziert, ist von vier Seiten zugänglich und wird von unzähligen Tempeln, Hallen und Minipagoden umgeben. Für die Besichtigung wird von ausländischen Touristen die stolze Eintrittsgebühr von fünf FEC oder fünf Dollar verlangt. Mehrere Stunden verbringe ich in dem riesigen Komplex, unterhalte mich mit kahlgeschorenen buddhistischen Mönchen in orangefarbenen Gewändern und lasse mich schließlich auf dem Holzboden eines winzigen Tempels nieder. Die Sonne zaubert ein intensives Farbspiel, das durch ein fast unwirkliches Tiefblau des Himmels nur noch verstärkt wird. Eine Gruppe von Menschen in glitzernder und reich bestickter Kleidung kommt im großen Hof an. Auf den Schultern von zwei Männern sitzen kleine, glatzköpfige Jungen, die einen goldenen Stab mit Ornamenten in die Höhe halten. Die Menge singt, lacht und klatscht ausgelassen. Das Schauspiel fesselt meine Aufmerksamkeit. Es wirkt so faszinierend, eigenartig und fremd zugleich. Ich frage einen Burmesen nach dem Sinn dieser Zeremonie. Er erklärt mir, dass für die kleinen Jungen nun ein neuer Lebensabschnitt beginnen wird. Als Kindermönche werden sie in das buddhistische Leben eingeführt und wohnen fortan in der Isoliertheit des Klosters. Viele entscheiden sich, ihr ganzes Leben lang dem Mönchtum zu huldigen, während andere nur für einige Jahre im Kloster bleiben. Nach dieser spirituellen Erfahrung wende ich mich wieder den weltlichen Dingen zu.

Begegnung mit einer Friedensnobelpreisträgerin

In der ehrwürdigen Bar des Strand Hotels gönne ich mir einen *Mandalay Rum Sour-Cocktail*. Die Kühle dieses Ortes wirkt belebend, und ich vergesse in der kolonialen Atmosphäre mit der langen Theke aus dunklem Teakholz und den alten Schwarzweißfotos an den Wänden die Zeit. Die in helles Leinen gekleideten Kellner lesen den Gästen jeden Wunsch von den Augen ab. Gediegen und ruhig ist es hier. Vor Jahrzehnten schon scheint die Uhr stehen geblieben zu sein. Nur die Preise für Drinks und Zimmer haben sich angepasst.

Seit 1896 ist das Strand-Hotel ein Inbegriff für Stil, Klasse und Eleganz. Während ich mich im dunkelbraunen Sessel zurücklehne und seinen Ledergeruch einatme, denke ich an ein Gespräch mit burmesischen Dissidenten in Bonn zurück. Ein junger Mann berichtete mir von der Studentenrevolte 1988 in Yangon, die ihn zwang, sein Land zu verlassen und politisches Asyl zu beantragen. Auf abenteuerlichem Weg sei er nach Deutschland gekommen.

„Wir forderten mehr Demokratie und das Ende des Einparteiensystems. Schließlich beteiligten sich am Streik alle Universitäten des Landes. Durch das Eingreifen des Militärs kam es zu Straßenschlachten. Scharfschützen waren auf den Dächern der Häuser positioniert", erinnerte er sich, mit den Tränen kämpfend.

„Sie schossen mit Schnellfeuergewehren auf alles, was sich bewegte und vor allem auf die Studenten, die Transparente und Fahnen trugen. Überall lagen Tote und Verletzte, die Häuserwände waren blutverschmiert."

Ich hörte ihm damals zu und war schockiert. Ich glaube, er hieß Bui. Aber genau weiß ich das nicht mehr.

„Die Soldaten hinderten die Freiwilligen vom Roten Kreuz daran, Erste Hilfe zu leisten. Die Toten wurden schließlich weggebracht und verbrannt. Auf die Frage nach der Zahl der Getöteten wurden von der Regierung 529 Opfer angegeben. Als ob ein halbes Tausend Menschen nicht erwähnenswert sei!"

Der Kellner reißt mich aus den Gedanken und fragt nach meinen Wünschen. Ich habe keine Lust mehr auf einen Drink, bezahle und gehe. Der Gedanke an Bui kam plötzlich und unerwartet. Er hat mich aufgewühlt und sehr nachdenklich gemacht. Kurz nach diesen Ereignissen im September 1988 gelangte eine neue Militärjunta an die Macht. General Ne Win, mit dem politischen Bankrott seiner Einheitspartei konfrontiert, überließ zähneknirschend nach mehr als einem Vierteljahrhundert feudaler Alleinherrschaft einem Regime aus jüngeren Militärs die Macht. Sie nannten sich *State Law and Order Restoration Council* (SLORC) – Staatsrat für die Wiederherstellung von Recht und Ordnung – und wollten das Land vor dem Untergang bewahren. Wieder einmal wurde das burmesische Volk eingeschüchtert und zum Stillhalten gezwungen.

Mit dem Erscheinen von Aung San Suu Kyi, der Tochter des burmesischen Nationalhelden Bogyoke Aung San, der das Land 1947 aus der britischen Abhängigkeit befreite, wurde diese Totenstille jäh durchbrochen. Mit ihrem englischen Ehemann hatte sie jahrelang im Ausland gelebt. Nun war ihr erlaubt worden, die todkranke Mutter zu besuchen. Schon kurz nach der Einreise begann sie, sich für mehr Demokratie in ihrer Heimat einzusetzen. Die größte der im Untergrund operierenden Oppositionsparteien, die *National League for Democracy* (NLD) überzeugte die junge Frau, dass sie dank ihrer Popularität die zersplitterten Demokratiebewegungen des Landes einigen und an deren Spitze freie Wahlen durchsetzen könne.

Auch das Ausland intervenierte mit zunehmendem Druck, und schließlich wurden am 27. Mai 1990 demokratische Wahlen zugelassen. Das SLORC-Regime war sich seiner Sache sicher und sah in den Wahlen keine Gefahr. Völlig überraschend ging die NLD unter Suu Kyi als klarer Sieger hervor. Die SLORC-Partei wurde mit nur einem Fünftel der Wählerstimmen vor aller Welt bloßgestellt. Die Machthaber reagierten mit gespielter Gelassenheit auf das scheinbar Unfassbare: Das Wahlergebnis wurde nicht akzeptiert. Es folgte eine Welle von Inhaftierungen und Folterungen. Jeder, der sich zur NLD bekannte, wurde verfolgt.

Aung San Suu Kyi, die charismatische Heldin und Hoffnung des Volkes, musste für ihren Einsatz im Kampf um Gerechtigkeit und Demokratie mit sechs Jahren Hausarrest bezahlen. Schon während der Wahlen hatte man sie verhaftet, damit das Volk nicht weiter aufgestachelt würde. Im Jahr 1991 wurde ihr in Abwesenheit der Friedensnobelpreis verliehen. 1995 durfte sie sich erstmals wieder frei außerhalb ihres Hauses bewegen. Seitdem engagiert sie sich, oft unter Lebensgefahr, wieder im Sinne ihres Volkes, das sie auch weiterhin als Heldin verehrt. Hier ist ihr Rückhalt ungebrochen. Das bewiesen die gut besuchten Ansprachen, die sie zweimal pro Woche – jeweils am Samstag und Sonntag – über das Eingangstor ihres Hauses hinweg abhielt. Mehr als 3000 Zuhörer fanden sich meist zu ihren Reden ein, so dass ein großes Polizeiaufgebot den Verkehr regeln musste. Diese Versammlungen wurden erlaubt, allerdings kam es hin und wieder auch zu Schikanen des Militärs. Seit Ende 2002 wird sie wieder an einem geheimen Ort festgehalten. Öffentliche Auftritte darf sie seitdem nicht mehr wahrnehmen.

Ich hatte mich erkundigt und erfahren, dass ausländische Journalisten manchmal zu Interviews eingeladen werden. In der Vergangenheit hatte ich schon einige interessante Gesprächspartner gehabt. Warum sollte ich nicht einfach mein Glück versuchen? Auf dem Rückweg ins Hotel beschließe ich, Aung San Suu Kyi einen Brief zu schreiben. So recht kann ich an eine Einladung zwar nicht glauben, doch ich möchte zumindest nichts unversucht lassen.

Am Abend sitze ich wieder auf dem weichen Kunststoffledersofa meines Hotels und konzentriere mich auf die Formulierung des Briefes. Passend muss er sein, nicht zu aufdringlich, aber auch nicht zu vage. Schließlich glaube ich, die richtigen Sätze gefunden zu haben:

Dear Ms. Suu Kyi,

I arrived recently in Myanmar. As an economist and journalist I focussed on international issues, especially of third world countries. Actually, I´m travelling around Myanmar, Laos, Vietnam and Cambodia, planning to write about these countries. For more than six years I follow the news about you and your inspiring way to fight for democracy in your country.

Since the world press doesn´t take a lot of interest in this beautiful country I would certainly appreciate it to meet you personally. I would like to talk with you about your ideologies, as well as the aspects and future of your country.

I will attend your speech on Saturday at 4 pm. I would be very pleased to meet you after for a short talk or after my return to Yangon on April 25. Please contact me at the White House-Hotel, Telephone No.: 01-71522.

Best wishes.

Ich bin zufrieden. Große Hoffnungen auf ein Treffen mache ich mir allerdings nicht. Zusammen mit Margareta aus München und Jennifer aus England widme ich mich dann Tans hingebungsvollem Gitarrenspiel und der Melancholie burmesischer Befreiungslieder. Wieder einmal vergeht der Abend viel zu schnell.

Am nächsten Morgen mache ich mich auf den Weg zu Aun San Suu Kyis Haus in der University Road, Hausnummer 54. Vor dem grünen Tor mit den roten Eisenspitzen warte ich. Nach wenigen Minuten erscheint ein Mann mittleren Alters. Ihm gebe ich den Brief mit der Bitte, ihn persönlich zu überreichen. Höflich meint er, dass er das gleich tun werde. Ich habe das Gefühl, mich auf ihn verlassen zu können und laufe wieder in die Stadt zurück.

Es ist heiß, und ich habe Durst. In der Straße meines Hotels gibt es viele kleine Garküchen. Eine wurde mir von Margareta besonders empfohlen: Ich setze mich inmitten der hungrigen Mittagsgäste auf einen kleinen Holzschemel und trinke eine Cola. Dann esse ich die von Margareta gepriesene Kokosnudelsuppe. Die zwanzig Cent-Mahlzeit mundet fantastisch. Anschließend gehe ich zum Eisverkäufer auf der gegenüber liegenden Straßenseite.

„Einmal Mango-Avocado-Eis, bitte!"

Auch das schmeckt. Im Hotel dusche ich eiskalt. Nach zehn Minuten bin ich wieder nass geschwitzt, schalte den Ventilator an und lege mich aufs Bett. Meine Gedanken kreisen um den Brief. Ich muss wohl kurz eingenickt sein, denn ich schrecke hoch, als es an die Tür klopft. Ich mache auf und sehe den Portier mit einem Zettel in der Hand vor mir stehen. In gebrochenem Englisch teilt der kleine alte Mann mir mit, dass der Sekretär der „Lady", wie sie Suu Kyi hier respektvoll nennen, angerufen hätte, um mir Bescheid zu geben, dass mein Interview morgen früh um 8.45 Uhr stattfinden werde.

Mit einem Schlag bin ich hellwach. Morgen werde ich sie also treffen. Ich bin total aufgeregt.

„Soll ich zurückrufen und mein Kommen bestätigen?", frage ich den Angestellten.

„Nicht nötig", murmelt er und geht.

Völlig verdutzt bleibe ich an der Tür stehen. Ich habe nur noch wenige Stunden Zeit, um die Fragen auszuarbeiten. Kurz vor meiner Abreise hatte ich die Biografie der Friedensnobelpreisträgerin gelesen. Jetzt blättere ich in meinem Reiseführer durch das Kapitel über burmesische Geschichte, da ich befürchte, mit den Jahreszahlen durcheinander zu kommen. Ich lese, notiere, streiche wieder durch und bin überhaupt mehr als nervös. Immer wieder überarbeite ich die Fragen, korrigiere und verbessere – stundenlang.

Gegen 21 Uhr bin ich endlich damit fertig und werfe einen letzten Blick auf das Blatt. Nie hätte ich gedacht, dass man mir das Treffen so einfach machen würde. Ich gehe hinunter in die Lobby und treffe Jennifer. Auch sie möchte die von Margareta gerühmte Kokosnudelsuppe probieren, und wir gehen hinüber in die kleine Garküche. Vorwiegend Männer sitzen auf den niedrigen Holzschemeln davor, denn draußen ist es etwas kühler. Sie haben ihre *Longyis* – knöchellange Wickelröcke – über den Knien zusammengerafft und grüßen uns freundlich. Der Koch erkennt mich wieder, und wir erhalten eine Extraportion kleingewürfelter Frühlingsrollen zur Suppe.

Im Bett liege ich noch lange wach und starre auf den monoton kreisenden Ventilator im Halbdunkel des Raumes. Niemandem habe ich etwas von meiner morgigen Begegnung erzählt – vielleicht weil ich es selbst noch gar nicht glauben kann. Als die Sonne aufgeht, bin ich hellwach. Was soll ich nur anziehen? Meine Auswahl an guten Klamotten ist begrenzt.

Ich entscheide mich für ein helles geripptes T-Shirt und einen knöchellangen Sarong, den ich mir um die Taille wickle. In der Lobby bringt man mir eine Tasse Kaffee. Ich bin aufgeregt und verschlucke mich fast. Da klingelt das Telefon. Tan, der die Nacht über Dienst hatte, reicht mir den Hörer. Ich ahnte ja, dass irgend etwas dazwischen kommen würde! Enttäuscht nehme ich den Hörer. Wie betäubt lausche ich der Frage am anderen Ende der Leitung, ob ich den 8.45 Uhr-Termin auch einhalten könne. Ich stammle ein schnelles „Ja", dann ist die Leitung tot. Erleichtert trinke ich den Kaffee aus. Es ist halb acht Uhr morgens. Ich packe Block, Stift und Kamera in den kleinen Rucksack und trete auf die Straße hinaus.

Die Sonne scheint bereits, doch verbreitet der Morgen noch eine angenehme Kühle. Ich kann mir Zeit lassen und nehme den Linienbus. Zweimal muss ich umsteigen, dann bin ich in der University Road. Mit klopfendem Herzen nähere ich mich der Nummer 54, laufe langsam, so dass ich nicht zu bald ankomme. Kurze Zeit warte ich noch vor dem Eisentor, dann werde ich auch schon eingelassen. Wie bin ich aufgeregt! Mit der rechten Hand halte ich mich am Träger des Rucksacks fest, den ich mir lässig über die linke Schulter geworfen habe.

Dem Pförtner muss ich meinen Pass zeigen. Er notiert Namen, Anschrift und Beruf. Dann werde ich über einen schlichten Hof hinüber zum Anwesen von Aung San Suu Kyi geführt. Im Garten haben sich mehrere einheimische Frauen versammelt. Ich vermute, dass es die Hausangestellten sind. Das Gebäude selbst trägt Züge des britischen Kolonialstils, ist sonst aber recht schmucklos. Drinnen ist es kühl. Durch das Vorzimmer gelange ich in den Besuchersaal und nehme auf einem Holzstuhl vor einem kleinen runden Tisch Platz. Meine Nervosität ist wie weggeblasen.

Die „Lady" erscheint pünktlich, und wir geben uns die Hand. Ich bin sehr beeindruckt von der zierlichen, attraktiven Frau. Der Hausarrest scheint – zumindest äußerlich – kaum Spuren hinterlassen zu haben. Sie wirkt auf mich sehr mädchenhaft. Ihre dunklen, hochgesteckten Haare zieren weiße Orchideenblüten. Die traditionelle Kombination aus knöchellangem Wickelrock und langärmeliger Bluse aus dunkelbrauner Seide unterstreichen die Anmut ihrer Person.

„Wie geht es Ihnen? Was führt Sie in mein Land?" begrüßt sie mich. Sie nimmt mir gegenüber auf einer dunklen Couch mit hellen Punkten Platz. Die weißen Gardinen im Hintergrund bilden den passenden Kontrast zu ihren schwarzen Haaren mit den Blüten darin.

Nach ein paar Minuten fange ich mit meinen Fragen an. Geduldig beantwortet sie jede einzelne in ausgezeichnetem Englisch. Ihre Antworten, Gedanken und manchmal ironischen Anspielungen auf das herrschende

System sind perfekt und zugleich vollkommen diplomatisch gehalten. Es gibt nichts Einstudiertes, kein gespieltes Theater und keine vorgetäuschten Tatsachen. Sie wirkt ehrlich und rückhaltlos offen.

Frau Suu Kyi, Sie standen sechs Jahre unter Hausarrest. Was taten und fühlten Sie während dieser Zeit, und was war die erste Aktion nach Ihrer Freilassung?

Auch während meines Arrests habe ich mich frei gefühlt. Die geistige Freiheit, die ich meine, hat mir niemand nehmen können. Während dieser Jahre hatte ich Zugang zu Radio und Fernsehen, hörte aber nur Radio. Sie wissen nicht, wie langweilig burmesisches Fernsehen sein kann! Ich habe gelesen und geschrieben und mich auf den Zeitpunkt meiner Freilassung vorbereitet. Und ich bin ganz normalen Tätigkeiten, wie Nähen und Putzen, nachgegangen. Immerhin konnte ich gewohnte Dinge verrichten; im Gefängnis wäre das nicht möglich gewesen. Sofort nach meiner Freilassung habe ich mich mit meinen politischen Weggefährten Tin U und Kyi Maung getroffen.

Im Mai 1990 gab es zum ersten Mal seit 30 Jahren freie Wahlen, die Ihre Partei, die NLD gewann. Allerdings weigerte sich die Militärjunta, den Sieg anzuerkennen und erklärte die Wahlen für ungültig. Haben Sie von diesen Ereignissen erfahren?

Ja, ich habe es über das Radio gehört. Dass 111 Parlamentarier der NLD getötet, verhaftet und des Landes verwiesen wurden, habe ich erst später erfahren. Das hat mich sehr traurig gemacht.

Haben Sie während Ihres Hausarrests Unterstützung von anderen Ländern erhalten?

Soviel ich weiß, gab es zu keiner Zeit wirtschaftliche Sanktionen gegen Burma. Doch es fanden Protestaktionen und Demonstrationen gegen meine Inhaftierung in vielen Ländern statt.

Erinnern Sie sich noch an Ihren Vater, den Politiker und Freiheitskämpfer Bogyoke Aung San, der 1947 ermordet wurde? Wie kommen Sie mit den Erwartungen zurecht, die das Volk in Sie als Tochter eines Nationalhelden setzt?

Ich bewundere meinen Vater und das, was er für sein Volk getan hat, aber ich bin nicht von seinen Ideologien und Prinzipien besessen. Erinnern kann ich mich allerdings nicht mehr an ihn, da ich zum Zeitpunkt seines Todes erst zwei Jahre alt war. Sicher kämpfe ich im Sinne meines Vaters für Demokratie, doch es muss eine Durchsetzung ohne Gewalt geben. Zu oft habe ich erlebt, was Gewalt meinem Land angetan hat. Ich glaube an Gandhis Prinzipien der Gewaltlosigkeit und an die Möglichkeit, sie auch auf mein Land übertragen zu können.

Wie sehen Sie Ihre zukünftige politische Rolle?

Ich werde mein Bestes tun und weiterhin für Demokratie kämpfen. Mein zukünftiges politisches Amt überlasse ich der demokratischen Entscheidung des burmesischen Volkes.

Sind Sie auch weiterhin den Repressalien der Regierung ausgesetzt?

Ich selbst könnte das Land verlassen und reisen, gehe allerdings das Risiko nicht ein, da mir sehr wahrscheinlich die Rückkehr verwehrt werden würde. Andererseits bin ich die einzige Oppositionelle in Burma, der der Kontakt zur ausländischen Presse erlaubt wird und die Interviews geben kann. Diese Situation kann sich täglich ändern. Ich spreche auch mit ausländischen Diplomaten, doch sind es nur die ganz Mutigen, die sich mit mir treffen wollen.

In welchem Ausmaß wird das burmesische Volk von der Regierung kontrolliert und unterdrückt?

Meiner Meinung nach ist die jetzige Regierung unfähig, mit veränderten und unerwarteten Situationen umzugehen. Weiterhin werden Personen inhaftiert, die es wagen, gegen die bestehende Politik vorzugehen und eine andere Meinung vertreten. Bestechung und Korruption sind an der Tagesordnung. „Spenden“ für eine Verbesserung der Infrastruktur werden von der Bevölkerung verlangt und die, die nicht zahlen können, werden zu Zwangsarbeit im Straßen- und Häuserbau eingesetzt. Besonders hart treffen diese Maßnahmen die Landbevölkerung, da junge und starke Familienmitglieder, die sonst für den Lebensunterhalt der Familie sorgen müssen, zuerst rekrutiert werden. 80 Prozent der Bevölkerung Burmas lebt auf dem Land und wird ständig mit dieser Situation konfrontiert.

Sabine Ludwig

Gibt es ein Land, welches Ihrer Meinung nach eine Vorbildfunktion für Burma haben könnte?

Die meisten Länder besitzen gewisse Vorteile, die, kombiniert mit den buddhistischen Prinzipien von Gewaltlosigkeit, Frieden und Freiheit, auch auf Burma anzuwenden wären. Doch ist Vietnam – um ein Land zu nennen – für mich ein Vorbild; vor allem im Bereich der Schul- und Ausbildung. Vietnam hat längst erkannt, dass die Förderung dieser Bereiche für eine erfolgreiche Zukunft am Wichtigsten ist. Enttäuschend für mich ist, dass Burma seine Ausgaben auf dem Bildungssektor mehr und mehr reduziert und die Notwendigkeit dieser Investitionen nicht erkannt hat.

Sie haben sehr viele Anhänger und an Ihren wöchentlichen Reden nehmen Tausende von Zuhörern teil. Wie kann die jetzige Regierung mit dieser Situation umgehen?

Natürlich versucht die Regierung, die Leute gegen mich und meine Ideologie aufzubringen. Ein Mittel ist die großzügige Unterstützung von Klöstern, Tempeln und Pagoden, um auf diesem Weg die Mönche zu beeinflussen und das Volk über die Religion für sich zu gewinnen.

Glauben Sie trotz aller Schwierigkeiten und Repressalien, denen Sie und das burmesische Volk ausgesetzt sind, an einen politischen Wechsel?

Ich bin überzeugt davon, dass die Demokratie in unserem Land über kurz oder lang siegen wird.

Nach Beendigung des Interviews kann ich einige Fotos machen. Dann verabschieden wir uns, und ich laufe noch ein wenig durch den Garten. Überall halten sich Menschen auf. Jeder scheint mit irgend etwas beschäftigt zu sein. Durch das Tor gelange ich wieder hinaus auf die Straße. Die Kühle des Morgens ist verschwunden, und die Sonne brennt wieder einmal gnadenlos von einem tiefblauen Himmel herab. Ich fahre hinunter zum Rangoon-Fluss und setze mich in den Schatten einer Hauswand auf den klapprigen Stuhl eines kleinen Restaurants. Bald steht eine kühle Cola vor mir auf dem rostigen Eisentischchen.

Ich lasse meinen Gedanken freien Lauf und bin noch wie betäubt von meiner Begegnung mit Aung San Suu Kyi. Wie selbstlos sie sich für den Kampf um Demokratie und das Wohl ihres Volkes einsetzt. Ich kenne niemanden, der auch nur ansatzweise so handeln würde. Viel später werde ich feststellen, wie sehr mich doch die Unterhaltung mit ihr inspiriert, ja vielleicht auch geprägt hat und mir selbst Mut gab, scheinbar Unmögliches zumindest zu versuchen.

Ich genieße die Zeit am Wasser und denke an Rudyard Kipling, der vor mehr als hundert Jahren den Rangoon-Fluss entlang fuhr und schrieb:

„Dies ist Burma, und es wird wie kein anderes Land sein, das du kennst."

Ich habe ein ähnliches Gefühl, als ich auf die einfachen, schwerbeladenen Holzdampfer sehe, auf denen die Menschen zusammengepfercht sind, um von einem Ort zum anderen zu gelangen. Es gibt keinen Komfort auf diesen Schiffen, die Situation ist die gleiche wie vor vielen Jahren. Mein Blick fällt auf einen Landesteg, auf dem sich junge Männer in *Longyis* und mit nackten dürren, aber muskulösen Oberkörpern als Lastenträger verdingen. Stundenlang schleppen sie schwere Säcke mit Reis und Getreide, Holzstapel und Bastkörbe voller Früchte, die sie aus dem Bauch der Schiffe entladen – immer und immer wieder.

„Das sind alles Tagelöhner", erklärt mir der Wirt auf englisch, als er die Richtung meines Blickes bemerkt. „Die meisten kommen aus dem Delta im Süden, junge Männer, zu arm, um etwas anderes zu lernen. Als Träger bekommen sie jeden Tag ihr Geld und wissen, was sie getan haben. Damit unterstützen sie ihre Familien. Außer der Landwirtschaft gibt es zu Hause kaum Verdienstmöglichkeiten."

Ich nicke ohne zu antworten, und der Mann geht zurück in den Holzverschlag, da zwei Kunden warten.

Mit einer Fahrrad-Rikscha lasse ich mich zum Bogyoke Aung San-Museum fahren. Hier betrachte ich die Schwarzweißfotos von Burmas berühmten Märtyrer, dem Vater Suu Kyis, der im Jahr 1947 – 32-jährig – im Kampf für die Unabhängigkeit seines Landes sterben musste. Auch einige Bilder aus Suu Kyis Kindheit sind zu sehen. Ich bin der einzige Besucher. Zwei Jungen aus der Nachbarschaft begleiten mich durch die halbleeren Räume.

„Wo kommst du her?", fragt mich der eine.

„Aus Deutschland", antworte ich gedankenverloren.

„Wie viele Busstunden ist dein Land entfernt?"

„Viele", sage ich.

Dann haben sie das Interesse an mir verloren und gehen wieder nach draußen. Ich bin allein in den kühlen, halbdunklen Räumen, allein mit der Vergangenheit von Burma. Auch hier lassen mich die Gedanken an meine morgendliche Begegnung nicht los.

Es ist Samstag, und um vier Uhr bin ich wieder in der University Road. Doch diesmal ist die Straße abgesperrt mit Eisenblockaden. Dahinter drängen sich Tausende von Menschen. Sie alle wollen die Rede der „Lady" hören. Es ist immer das gleiche Schauspiel. Samstags und sonntags, jeweils um 16 Uhr, sofern es die politische Situation zulässt, hält sie ihre einstündige Ansprache.

Als sie erscheint, ruft ihr die Menge begeistert zu. Das Volk liebt sie – ohne Zweifel. Viele sehen in ihr das zukünftige Oberhaupt Burmas, die Hoffnung des Landes. Sie spricht in ihrer Sprache über Faschismus und Demokratie. Immer wieder jubeln die Besucher ihr zu und klatschen begeistert Beifall. Ich sitze inmitten der anderen Zuhörer auf dem heißen Pflaster, auf einem Stück Pappe, eine Zeitungsseite als Sonnenschutz über dem Kopf ausgebreitet wie die meisten anderen auch. Nur ganz wenige Ausländer sind anwesend. Für sie übersetzt sie das Wesentliche ihrer Ansprache ins Englische.

Als ich in das White House-Hotel zurückkehre, geht die Sonne langsam unter. Ich laufe an der Garküche vorbei, wo eifrig gekocht wird. Bald beginnt der Ansturm auf das Abendessen. Ich hole mir auf der anderen Straßenseite ein Mango-Eis und genieße den kühlen Schmelz auf der Zunge. Im Hotelzimmer lege ich mich aufs Bett. Ich bin zu müde, um zu schreiben oder zu lesen. Morgen werde ich Yangon verlassen – endlich. Wie gespannt ich auf das Landesinnere bin! Ich höre das Gitarrenspiel aus der Lobby, gehe aber nicht mehr hinunter, da mir vor Müdigkeit die Augen zufallen. Mein Rucksack lehnt gepackt an der Wand und wartet darauf, die Reise ins Ungewisse anzutreten.

Ich erwache noch vor dem Klingeln des Weckers. Es ist halb sechs, und von unten dringt Lärm zu mir herauf. Ach ja, Tila, die freundliche indische Putzfrau, macht immer am Sonntag Großputz, geht es mir durch den Kopf. Und so viel Eifer scheppert gehörig! Ich muss aufstehen und so kann ich gemütlich zwei Tassen Kaffee trinken, denke ich mir und schäle mich aus dem weißen Betttuch, in das ich mich als Schutz gegen Moskitostiche eingewickelt hatte.

Mit einer Motorrad-Rikscha lasse ich mich eineinhalb Stunden später zum Busbahnhof bringen. Yangon ist schon lange erwacht. Der Rikschafahrer ist Chinese und schon die zweite Generation seiner Familie, die in Burma lebt. Er spricht gut englisch.

„Ich habe es von den Touristen gelernt", gibt er zu. „Wenn man Geld hat, kann man auch hier alles kaufen: Kameras, Fernseher, Uhren, Videogeräte. Yangon existiert durch Schmuggel – wie Saigon, Vientiane und Moskau auch", beschreibt er das Leben in der zwangsbewirtschafteten Metropole. „Die Endzeit des Sozialismus hat auch hier begonnen, nur will es keiner glauben", meint er besserwisserisch. „Der nationalen Planwirtschaft ist schon längst der Atem ausgegangen."

Ich höre nur halb zu, denn zu sehr bin ich mit der Weiterfahrt beschäftigt. Chen – so heißt der Chinese – fragt mich, ob ich mir denn nicht noch den Bogyoke Aung San-Markt ansehen möchte.

„Ein gut bestückter Schwarzmarkt", fügt er hinzu.

Doch ich winke ab, will nur so schnell wie möglich die Hauptstadt verlassen.

„Vielleicht wenn ich zurückkomme."

Schweigend fahren wir weiter. Chen setzt mich direkt vor dem Minibus nach Bago – nördlich von Yangon – ab. Der Fahrer bedeutet mir, einzusteigen. Ich bin der erste Fahrgast. Mir ist klar, was das heißt: Bis zur Abfahrt kann es noch sehr lange dauern. Hier geht es erst los, wenn der Bus voll ist. Ich setze mich auf einen schattigen Sitzplatz und lese im *Lonely Planet,* meinem altbewährten Reiseführer. Nach etwas mehr als einer Stunde ist das Fahrzeug gut gefüllt. Wie die Heringe drängen sich die Passagiere aneinander. Auf dem Mittelplatz in der ersten Reihe habe ich wenigstens etwas Beinfreiheit. Der junge Fahrer springt auf seinen Platz und steckt den Zündschlüssel ins Schloss. Knarrend springt der Motor an. Wahrscheinlich ist er am Umsatz beteiligt – je mehr Fahrgäste, desto höher ist der Verdienst, bin ich mir sicher.

Langsam kutschiert er das klapprige Gefährt aus der Stadt hinaus, hupt dabei kräftig und in kurzen Abständen, um noch mehr Passagiere einzusammeln.

„Bago, Bago", höre ich ihn in kurzen Abständen rufen.

Unterwegs steigen noch drei Frauen zu. Mehrere Strohkörbe samt Inhalt werden auf dem Dach verstaut. Nun geht nichts mehr, der Bus ist übervoll. Meine Füße kann ich nun auch nicht mehr ausstrecken, denn an meine Knie gelehnt sitzt eine ältere Frau. Der Fahrer rast viel zu schnell auf der staubigen Landstraße dahin. Und dann passiert das für mich fast Vorhersehbare: Beim Ausweichen streift er einen VW-Bus. Es ist nichts passiert, nur ein leichter Blechschaden. Beide Fahrzeuge halten an, und die Fahrer gehen wild gestikulierend aufeinander zu. Zu einer Schlägerei kommt es zum Glück nicht. Dazu sind die Burmesen doch zu friedliebende Leute. Keiner will die Schuld auf sich nehmen.

Das kann länger dauern, schwant mir, und gelangweilt sehe ich aus dem Fenster. Bis dahin habe ich noch keine Notiz von den Passagieren des anderen Fahrzeuges genommen. Jetzt blicke ich in die Gesichter von etwa zwanzig kahlgeschorenen Mädchen in rosa Gewändern, die neugierig das Geschehen verfolgen. Ich steige aus, um mir die Beine zu vertreten. Zwanzig Augenpaare richten sich auf mich. Die Mädchen lächeln mir zu. Eine von ihnen streckt den Arm durch das geöffnete Fenster und reicht mir ein Bonbon. Ich krame in meinem Tagesrucksack und finde einige Streifen Kaugummi, die ich nun meinerseits verteile. Das Eis ist gebrochen. Ich habe mich mit den kleinen Novizinnen angefreundet. Ihre Begleiterin erklärt mir, dass sie in ein Kloster gehen, um Buddhas Lehre zu studieren. Ebenso wie die zahlreichen Mönche bleiben die wenigsten ihr ganzes Leben lang dort. Vom gesellschaftlichen Standpunkt aus betrachtet wird erwartet, dass jeder Mann zweimal in seinem Leben in einem Kloster wohnen soll. Erstmalig als Novize zwischen dem fünften bis 15. Lebensjahr für ein bis zwei Wochen und später als Mönch ab dem Alter von 20 Jahren für mindestens drei Monate. Die Klöster gelten auch als Schule der Armen, und für jede Familie ist die Aufnahme des Sohnes eine große Ehre.

Der *Shin pyu* ist der größte Tag im Leben der Knaben. Dann werden sie, gekleidet in höfischem Putz, von der ganzen Familie ins Konvent gebracht. Ab sofort sind sie für die Bevölkerung „heilige Männer“. Etwa 250 000 Mönche gibt es heute in Burma. Sie werden vom Volk ernährt. Die, die auf Lebenszeit im Kloster bleiben, werden besonders geachtet und verehrt. Jede Familie gewinnt an Ansehen, wenn einer ihrer Söhne als Mönch lebt.

Die Polizei kommt und schlichtet den Streit. Jedoch setzt keiner der Busse die Fahrt fort. Alle Passagiere meines Fahrzeuges nimmt ein vorbeifahrender Bus auf. Zahlen müssen wir nichts mehr, dafür wird es umso enger. Ich muss auf einen Reissack Platz nehmen. Noch zwei Stunden bis Bago, denke ich missmutig. Doch dann korrigiere ich mich – nur noch zwei Stunden! Die vergehen auch recht schnell, und endlich sitze ich auf dem Bett meines Zimmers im Hotel San Francisco. Die Zeit bis zum Sonnenuntergang nutze ich für eine Besichtigungstour. Kurz bevor die Sonne untergeht, steige ich die Stufen zur Hintha Gon Paya hinauf und genieße das einmalige Schauspiel. Bald sind die palmengesäumten Haine in dunkelrotes Licht getaucht. Das ganze Land scheint in einen Dornröschenschlaf versunken zu sein. Mein Blick fällt auf die umliegenden Pagoden, deren goldene Stupas im Halbdunkel der einbrechenden Nacht noch zartgolden schimmern. Kipling beschrieb sie einst als „goldene Wunder am Horizont.“

Die spärliche Straßenbeleuchtung hilft mir, zügig den Weg zum Hotel zurückzugehen. Bis vor kurzem noch lastete von elf Uhr abends bis morgens um vier eine Ausgangssperre auf dem ganzen Land. Außerdem wurde die Stromversorgung abgestellt. Vor der Eingangstür werde ich von einem Mädchen angesprochen. Sie heiße Madhli, sagt sie schüchtern.

Geduldig beantworte ich ihre interessierten Fragen nach meinem Namen und Land. Sie hätte schon einige Fremde kennengelernt – Engländer, Japaner, Amerikaner – und sie würde mich gern ihrer Familie vorstellen. Ich gehe mit ihr ins Nachbarhaus. Bevor wir die Stiege hinaufklettern, streift sie ihre Plastiksandalen ab. Ich mache es ihr nach und taste mich in der Dunkelheit voran. Das große Zimmer im Obergeschoss ist nicht unterteilt und nur sehr spärlich eingerichtet.

Es gibt zwei Vorhänge im Raum, einen einfachen Holzschrank und verblichene Fotografien an den Wänden. Das Barfußlaufen über die dunklen gewienerten Holzplanken tut gut. In einer Ecke sitzt ein Mädchen vor einer Petroleumlampe und dreht flink die landestypischen Burmazigarren in gelbe Plastikfolie. Ich bin von ihrer Anmut und Schönheit fasziniert. Die Mädchen sprechen gut englisch, und Nilar erzählt mir, dass sie Inderin ist. Der Vater verdiene seinen Lebensunterhalt in Yangon, während die Mutter schwerkrank und bettlägerig sei. Nilar ist fleißig. Sie weiß, welche Verantwortung auf ihr lastet, denn sie hat auch noch eine jüngere Schwester zu versorgen. Die Schule hat sie abgebrochen, denn das Zigarrendrehen ist zeitaufwendig und eine wichtige Einnahmequelle für die ganze Familie. Die Mutter benötigt jede Woche Medikamente. Ich frage Nilar nach ihrem Verdienst.

„Mittlerweile rolle ich am Tag 5000 Zigarren ein. Dafür bekomme ich 45 Kyat", erklärt sie mir stolz.

Ich rechne den Betrag um. Gerade einmal 35 Cent sind somit ihr Tagesverdienst. Im Übrigen sei sie froh, hier mit Madhli und ihrer Familie arbeiten zu können. Mahliyar, Madhlis Mutter, erscheint mit fritierten Bananenchips. Wir setzen uns alle im Schneidersitz auf den Boden und essen. Mich überrascht die Gastfreundschaft. Auch die Mutter arbeitet im Zigarrengeschäft. Jeden Morgen bekommen sie mehrere Tausende der braunen Glimmstengel geliefert, rollen sie während des Tages behende in Plastikfolie und lassen sie am Abend wieder abholen. Die meisten davon gehen in die Hauptstadt. Ich probiere eine Zigarre, vermute, dass sie sehr stark ist. Doch als ich das leichte Vanillearoma inhaliere, bin ich sehr überrascht.

„Gut schmecken sie", sage ich. „Vom Aussehen her ähneln sie eher den Havannas."

Mir fällt die gelbe Paste auf den Gesichtern der Mädchen auf. Auch in Yangon habe ich sie bereits bemerkt. Ich hielt sie immer für Make-up oder eine Art Feuchtigkeitscreme. Doch sei es *Thanaka*-Paste, aus der Rinde des *Thanaka*-Baumes hergestellt, werde ich eines besseren belehrt. Fast alle burmesischen Frauen würden sie tragen – als Sonnenschutz und Schönheitsmittel. Mutter Mahliyar bringt eine Tonschüssel mit etwas Wasser und stellt sie auf die Holzplanken. In einer Hand hält sie ein Stück Rinde, zeigt sie mir genau und erklärt, dass daraus die Paste gemacht werde. Sie taucht sie ins Wasser, dreht und wendet sie, bis eine schlammige Creme entsteht. Nilar tupft mir dann die Paste behutsam aufs Gesicht, malt Kreise, Punkte und Rauten, bis ein schmuckes Muster entstanden ist. Alle sehen mich an, lachen und klatschen begeistert in die Hände. Mit den Mädchen gehe ich noch in ein nahes Restaurant. Nilar isst Hühnchen, ganz schnell, einschließlich der Knochen. Als sie meinen staunenden Blick bemerkt, unterbricht sie das Knirschen für einen Moment.

„In Indien werden die Knochen mitgegessen. Das sind wichtige Proteine“, sagt sie und knabbert weiter.

Als ich anschließend die Rechnung bezahle, staune ich über den niedrigen Preis. Gerade mal zwei Euro für vier Mahlzeiten! Wir tauschen Adressen aus, und ich verspreche, den Mädchen zu schreiben und ihnen die Fotos zu schicken, die ich im Haus gemacht habe. Am nächsten Morgen verlasse ich Bago bereits um sechs Uhr.

Der Goldene Felsen

Mit einem Minibus fahre ich nach Kyaikto, etwa zwei Stunden östlich von Bago entfernt. Die Fahrt wird von kurzen Stopps unterbrochen, bei denen Passagiere zu- und aussteigen. Den Zeitbegriff scheinen die Burmesen kaum zu kennen und, falls doch, so hat er nur eine sehr geringe Bedeutung im alltäglichen Leben. Die Straße ist schlecht, und bei der Ankunft in Kyaikto fühle ich mich wie gerädert. Das Phyu Sin Guesthouse ist eines der wenigen Unterkünfte, die der verstaubte Ort zu bieten hat. Die Zimmer sind ausgesprochen billig, und erstaunt nehme ich zur Kenntnis, dass ich mit Kyat – anstatt mit FEC oder Dollar – bezahlen kann. Es ist noch nicht allzu lange her, dass diese Gegend als Sperrgebiet galt und für Touristen nicht zugänglich war. Immer wieder kam es hier zu Zwischenfällen zwischen dem Militär und den ethnischen Minderheiten. Um ausländische Einmischung in die Innenpolitik zu vermeiden, wurden ganze Landstriche abgeriegelt und für Fremde der Zutritt verboten. Doch der internationale Druck auf die Machthaber half, die Bestimmungen zu lockern. Heutzutage sind in Burma die meisten Gebiete frei zugänglich.

Der Hauptgrund meines Abstechers nach Kyaikto ist der Besuch eine der heiligsten Stätten des Landes im nur wenige Kilometer entfernten Kyaiktiyo. Hier befindet sich auf einem Steinkliff der Goldene Fels. Auf ihm sitzt eine über sieben Meter hohe goldene Stupa. Legenden besagen, dass der Fels nur deshalb die Balance halten würde, da ein einziges Haar von Buddha akkurat in der Stupa plaziert sei. Täglich ist die Stätte Ziel vieler einheimischer Pilger und bei Sonnenuntergang ein unvergessliches Erlebnis. Heute abend möchte auch ich dem Schauspiel beiwohnen. Ich erinnere mich an die Worte eines Einheimischen, dass es von Kyaikto aus nicht mehr weit sei. Ich möchte für den Aufstieg genügend Energie tanken, und da ich müde bin, lege ich mich hin. Ich sehne mich nach einigen Stunden Schlaf. Der Ventilator funktioniert nicht, wahrscheinlich ist der Strom abgestellt worden. Über diesen Gedanken schlafe ich ein.

Nachmittags um drei Uhr wache ich auf, dusche und ziehe mir schnell ein leichtes T-Shirt und eine lange Hose über. Als ich in den Vorraum des Hauses trete, den kleinen Rucksack schultere und meine Absicht dem Hausbesitzer mitteile, blickt er mich seltsam fragend an. Dann müsse ich oben übernachten, murmelt er. Ich höre kaum zu, denn in Gedanken bin ich schon am Goldenen Felsen angelangt.

Weit kann es nicht sein! Im Ort treffe ich mehrere Pilger, die den Weg scheinbar besser kennen als ich. In einem alten rostigen Taxi erreichen wir nach zwölf Kilometern das Basiscamp Kinpun. Hier muss ich auf eine Rampe klettern, um auf die Ladefläche eines LKWs zu gelangen, auf der bereits zahllose Männer, Frauen und Kinder auf schmalen Holzbohlen sitzen. Schon auf den ersten Blick sieht mein nur wenige Zentimeter breiter Sitzplatz völlig unbequem aus.

Sobald ich sitze, bestätigt sich meine Vermutung. Stell´ dich nicht so an, die Fahrt dauert nicht lange, rede ich mir verbissen ein. Kaum habe ich zu Ende gedacht, bohrt sich mir schon das rechte Knie meines Hintermannes schmerzvoll in den Rücken. Ich kann ihm nicht böse sein, denn im Gedränge hat er keine Möglichkeit, sein Knie anders zu plazieren. Zähneknirschend fordere ich mehr Selbstdisziplin: Durchhalten!

Der LKW setzt sich in Bewegung. Alles schaukelt. Die Ladefläche, die Balken und die Passagiere. Schmerzhaft wird es immer dann für mich, wenn eine Erhebung oder ein Loch passiert wird: Das harte Holz drückt sich in mein Hinterteil. Das Fahrzeug rumpelt den Berg hinauf. Beim Anblick der Haarnadelkurven wird mir fast schlecht. Um mich abzulenken schaue ich in die gelassenen Gesichter meiner Mitpilger. Ihnen scheinen die harten Sitzplätze nichts auszumachen, sie plaudern ungezwungen und sind in guter Stimmung. Nur mein Gesicht ist qualvoll verzerrt. Dann endlich, nach etwa 45 Minuten, ist die Tortur vorbei. Der LKW hält, und alle erheben sich, um wieder über eine Rampe auszusteigen. Ich spüre mein Hinterteil nicht mehr. Ich strecke mich und mache vorsichtige Trippelschritte. Dann fällt mein Blick auf den Goldenen Felsen vor mir. Solch einen majestätischen Anblick hätte ich nicht erwartet. Ich kann die Entfernung nicht abschätzen und möchte nur zum Sonnenuntergang dort sein. Ich frage den Fahrer, wann die letzten LKW´s zurück ins Tal fahren.

„Erst morgen früh wieder“, lautet die Antwort.

Ich spüre eine gewisse Panik in mir hochkriechen. Ich habe nichts zum Schlafen dabei, nicht einmal eine langärmelige Jacke.

„Da oben kann es nachts empfindlich kalt werden“, teilt mir später ein einheimischer Wanderer mit, dem ich auf meinem Weg nach oben begegne.

Zügig laufe ich los. Es sind viele Leute unterwegs, obwohl die Pilgerzeit von November bis März schon vorbei ist. Von den kleinen Verkaufsständen auf dem Weg hallt es „Wasser, Coca-Cola, Fanta, Pepsi“ wider. Es gibt auch Tragesänften für die gebrechlichen oder sehr müden Gläubigen. Vier junge Männer tragen auf vier Bambusstämmen mit Sitzteil die lebende Fracht nach oben – mal mehr, mal weniger schnell, je nach Tageszeit. Rechtzeitig zum Sonnenuntergang erreiche ich den Felsen. Hier oben gibt es Garküchen, Souvenirstände und einfache Unterkünfte. Fast komme ich mir wie in einem Dorf vor. Verhungern werde ich nicht, und ein Dach über dem Kopf zum Schlafen finde ich auch. Die gesamte Pilgerstätte darf man nur barfuß betreten. So stelle ich meine Schuhe am Eingang ab. Die Sonne taucht das Gold des Felsens in ein faszinierendes Licht. Die letzten intensiven Strahlen versetzen es in gleißendes Gelb, dann wird es rötlich, nimmt einen fast lila Farbton an und endet mit dem matten goldenen Schimmer unter einem nachtblauen Himmel. Das Schauspiel wird vom Gesang der Mönche begleitet, die sich zu dumpfen Trommelschlägen auf- und niederbeugen. Ihre Gesichter sind unbeweglich, fast starr und wirken mystisch verzückt.

„Ganz in der Nähe liegt ihr Kloster“, erzählt mir Glen, ein Amerikaner, den ich vor einer kleinen Pagode treffe.

Als Mann hat er vom Abt die Erlaubnis bekommen, in den Klosterräumen zu übernachten. Ich erinnere mich an mein noch ungewisses Nachtlager und daran, dass ich langsam zu frieren beginne. Ich fühle die kühlen Steinfliesen unter meinen nackten Füßen und atme den Geruch der Räucherstäbchen ein. An einer Stelle vermischt sich der Duft von Rosenholz mit Jasmin, an einer anderen der von Sandelholz mit Timber. Es ist unmöglich, sich der Mystik des Ortes zu entziehen. Allmählich mache ich mich auf die Suche nach einer Unterkunft, denn die Nacht bricht an und hier oben wird es allmählich sehr kühl. Zehn Dollar sind ein stolzer Preis für den Bretterverschlag mit Matratze und halbsauberer Bettwäsche. Ich vermute Wanzen in der löchrigen Matratze und schicke ein Stoßgebet in Richtung des Goldenen Felsen, dass ich mich diesbezüglich doch irre. Tatsächlich überstehe ich die Nacht ohne Flohbisse, dafür mit Moskitostichen und vollkommen durchgefroren.

Am nächsten Morgen kriecht die Wärme des anbrechenden Tages durch die Ritzen des Holzes, und ich werde wach. Ich verspüre einen nagenden Hunger, denn ich hatte am Abend nichts mehr gegessen. In einer der Garküchen trinke ich Tee und esse *sticky rice* – süßen, klebrigen Reis. Ich werfe einen letzten Blick auf den heiligen Felsen. Im milden Morgenlicht sieht er wieder ganz anders aus. Nur Männer dürfen über einen Steg in seine Nähe gehen und das Gold berühren. Frauen bleibt der Zugang verwehrt. Sie dürfen das Heiligtum nur aus der Ferne betrachten. Ich mache mich auf den Rückweg, erleide noch einmal die gleichen Sitzqualen, doch macht es mir diesmal schon viel weniger aus. Ich denke immer noch an die fast unwirkliche Atmosphäre des Abends zurück, mit seinem Licht, den monotonen Mönchgesängen und den dumpfen Trommelschlägen fern jeder Realität.

Ich fahre bis Bago, da ich im Hotel San Francisco meinen Rucksack abgestellt habe. Am Abend schließlich nehme ich den Nachtbus nach Mandalay. Überraschenderweise ist er sehr modern, mit bequemen Sitzen, auf denen ich hätte gut schlafen können, wären da nicht ununterbrochen laute Rockmusik und Gewaltvideos gewesen. Nach zwei Stunden vergeblicher Schlafesmüh reicht es mir: Ich bitte den Busfahrer, Musik und Videos abzuschalten. Ohne jeglichen Protest erfüllt er meine Bitte, und als ich mich umdrehe, um zu meinem Sitz zurückzugehen, glaube ich in den meisten Gesichtern Erleichterung zu erkennen. Bald döst der ganze Bus, und mein Schlummer wird nur ab und zu vom kräftigen Schnarchen meines Nachbarn unterbrochen.

In Mandalay angekommen steige ich gleich in den Minibus nach Pyin U Lwin um. Während der britischen Besatzung nannte man diesen Ort Maymyo – Maytown – nach dem britischen Oberst May. Auch heute noch ist der koloniale Name geläufig. Seit 1988 versucht der Staat, sich durch Änderungen der Ortsbezeichnungen des kolonialen Stigmas zu entledigen. So wurde aus Burma Myanmar, aus Rangoon Yangon, aus Pagan Bagan, aus Pegu Bago und der Irrawaddy-Fluss fließt heute unter der neuen Bezeichnung Ayeyarwady. Bei einigen Namen bezieht man sich wieder auf die prekoloniale Version. Trotzdem bleibt es der Bevölkerung freigestellt, welchen Ausdruck sie letztendlich verwenden wollen. Für mich ist das von Vorteil, da somit mögliche Versprecher keine Konsequenzen haben.

Ich sitze recht unbequem auf der offenen Ladefläche des Minibusses. Kühlere Luft weht mir entgegen, denn wir fahren in die Berge. Maymyo liegt 67 Kilometer östlich von Mandalay auf einer Höhe von 1070 Metern. Neben mir auf der Holzpritsche sitzt U Nay. Er ist Volksschullehrer in Maymyo und kommt von einem Besuch bei seinen Verwandten in Mandalay zurück. Während das Fahrzeug schnaufend die kurvige Straße hinaufkriecht, erzählt er mir von früher. Als die britische Kolonialmacht mit Erklärung der Unabhängigkeit Burmas am 4. Januar 1948 endete, war U Nay noch ein kleiner Junge.

„Damals war Maymyo Erholungsort der Briten. Hier suchten sie Zuflucht vor der sengenden Hitze während der Sommermonate."

Mit den Briten kamen die Inder und Nepalis, die bis heute einen großen Teil der Bevölkerung von Maymyo ausmachen.

„Der Ort liegt an der berüchtigten Burma Road nach China", sagt U Nay. „Immer wieder kommt es hier zu Zwischenfällen mit den Militärs, doch davon erfährt das Volk kaum etwas."

Ich kann mir denken, welche Güter illegal ins Nachbarland geschmuggelt werden: Opium, Heroin, Alkohol und Zigaretten. Häufig kommt das Opium auf direktem Weg aus dem grenznahen Dschungel zu Thailand. Dort gibt es genügend versteckte Urwaldlabors, die tonnenweise Opium in reinstes Heroin verwandeln.

Viele Männer tragen die Bezeichnung U vor ihren eigentlichen Namen. Ich frage ihn nach der Bedeutung.

„U bedeutet Onkel und ist zugleich auch Anrede für ältere Respektspersonen", gibt er mir zur Antwort.

Gut, denke ich, damit kann ich wohl nicht viel falsch machen, denn der richtige Umgangston ist ein erstes „Sesam-öffne-dich" in diesem Land.

Als wir nach Maymyo hineinfahren, staune ich über die guterhaltenen Gebäude aus der Kolonialzeit. U Nay weist mir den Weg zum berühmten Candacraig-Hotel. Laut Reiseführer sollen die Übernachtungspreise adäquat sein. Warum soll ich es mir nicht gönnen, einmal stilvoll und historisch zu übernachten?

Zu Zeiten der britischen Kolonialepoche war das 1906 erbaute Candacraig-Hotel ein bevorzugtes Urlaubsquartier für die Beschäftigten der *Bombay Burma Trading Company*, die im Dschungel von Nordburma Teakholz rodeten.

Etwa eine halbe Stunde laufe ich bergauf. Der schwere Rucksack bremst meine Schritte. Dann stehe ich endlich vor dem Gebäude im britischen Landhausstil. Über einen Kiesweg laufe ich durch die gepflegte Rasenanlage zum Eingang und öffne die schwere Holztüre. In der Lobby streife ich den Rucksack von den Schultern und lasse mich – wie befreit von einer schweren Last – in das dunkelbraune Ledersofa fallen. Ich warte und schaue mich um. Kein Mensch ist zu sehen. Eine Wendeltreppe aus mittelbraunem Holz führt nach oben. Im offenen Kamin liegt achtlos zusammengeknülltes Zeitungspapier. Ich gehe die Treppe hinauf, öffne ganz langsam eine Tür und spähe in das Gästezimmer hinein. Die Räume wirken unfertig und renovierungsbedürftig. Deswegen gibt es hier also keine weiteren Gäste. Ich denke an meine Reiselektüre. In *The Great Railway Bazaar* hat Paul Theroux dem Candacraig ein literarisches Denkmal gesetzt. Unten wartet endlich ein Mann auf mich. Er sieht wie ein Inder aus und gibt sich als Manager zu erkennen.

„In zwei Monaten wird das Haus wieder eröffnet", entschuldigt er sich für die Renovierungsarbeiten.

„Zu spät für mich", antworte ich.

Er bringt mir eine Tasse Tee. Dann sitzen wir zusammen auf dem Ledersofa und plaudern. Er sei in Maymyo geboren, erzählt er mir, und erst seit einem halben Jahr für das Candacraig zuständig.

Ich mache mich auf den Weg zurück in den Ort. Nach kurzer Zeit höre ich die Glocke einer Pferdekutsche. Der Kutscher hält direkt neben mir. Eine Frau im Inneren fragt mich, ob ich mitfahren möchte. Dankend nehme ich ihr Angebot an und steige ein. Ihre Freundin hilft mir, meinen Rucksack unter der Sitzbank zu verstauen. Bald stellt sich heraus, dass die beiden hilfreichen Engländerinnen drei Wochen durch die Kolonie ihrer Vorfahren reisen. Von ihnen erfahre ich, dass Pferdekutschen – alle sind liebevoll bemalt und dekoriert – in Maymyo durchaus übliche Transportmittel darstellen.

Der *Lonely Planet* schlägt das Golden Dream-Hotel vor, eine unübersehbare Bettenburg an der Hauptstraße. Es gibt kaum Gäste, und ich kann frei wählen. Schließlich entscheide ich mich für ein großes, sauberes Zimmer im dritten Stock. Ich trete auf den Balkon hinaus. Der Purcell-Turm, ein Geschenk von Königin Victoria, steht direkt vor mir und ähnelt verblüffend Londons Big Ben. Wieder einmal bin ich über die mitgebrachten Ohrenstöpsel froh, denn das Uhrwerk schlägt unermüdlich jede volle Stunde, auch nachts. Nach einer Dusche und zwei Stunden Schlaf laufe ich durch den Ort. Er ist nur spärlich beleuchtet. In einer Bretterbude mit der Aufschrift „Chinese Restaurant" esse ich *Nasi Goreng*. Auf dem Rückweg begegne ich einem Liquor Store. Scheinbar wird Alkohol nur hier verkauft. Eine Traube von Männern verdeckt die Bar. Neugierig geworden trete ich ein. Der Wirt winkt mich heran, und schon habe ich einen Ehrenplatz hinter der Theke, mit genügend Abstand zum übrigen Publikum. Er spendiert mir ein Gläschen Whisky. Überrascht stelle ich fest, dass die dunkle Flüssigkeit recht gut schmeckt. Die Männer geben sich keine Mühe ihre fast schon kindliche Neugier zu verbergen. Einer fragt mich schüchtern, wo ich denn herkäme. Als ich antworte, trauen sich auch die anderen, und bald befinde ich mich in geselliger Runde. Auch für den nächsten Whisky bezahle ich nicht. Vermutlich bin ich ein recht ungewöhnlicher Gast in diesem Bretterverschlag. Es sind Waldarbeiter, die hier den Beginn des burmesischen neuen Jahres feiern. Drei Tage Freizeit liegen vor ihnen. Sie arbeiten für die *Myanmar Timber Company* und werden im Vergleich zu ihren Landsleuten recht gut entlohnt. Einer von ihnen, im roten Coca Cola-Shirt, erzählt mir, dass er Elefanten abrichtet. Sie seien für den Teakholztransport billiger und waldschonender als Bulldozer. Die tägliche Futterration für ein Tier betrage viele Kilogramm Blattgrün, und wenn man sie außerdem noch jeden Tag bade, würden sie 30 Jahre lang leben. Er scheint mein Interesse zu spüren, denn er fragt mich sofort, ob ich nach den Festtagen mit ins Elefantencamp kommen möchte.

„Ist nur eine halbe Tagesreise nördlich von hier“, fügt er seiner Einladung hinzu.

Ich habe erst einmal genug vom Whisky und gehe ins Golden Dream-Hotel zurück. Tatsächlich träume ich nachts von Elefanten, die riesige Holzstämme hinter sich herschleppen und von *Mahouts* mit Eisenhaken traktiert werden. Als ich am nächsten Morgen erwache, beschließe ich, die Einladung zu den Elefanten nicht anzunehmen.

Beim Frühstück treffe ich die beiden Franzosen Jean Marc und Lionel wieder. Im Nachtbus nach Mandalay saßen sie in der Reihe vor mir, und Jean Marc fiel mir durch eine weiße, ungesunde Gesichtsfarbe sofort auf. Tatsächlich hatte er eine Magenverstimmung, dazu leichtes Fieber und musste sich während der Fahrt mehrmals übergeben. Er besaß unser aller Mitleid.

Wir mieten uns Fahrräder und radeln zum Botanischen Garten. Die gepflegte Anlage mit Zierrasen, bunten Blumenbeeten, einem Orchideenhaus, Rosengarten und mehreren Teichen wurde während des Ersten Weltkrieges auf Befehl von Oberst May von türkischen Kriegsgefangenen angelegt. Nachdem wir die Fahrräder auf einen „Parkplatz“ vor dem Eingang abgestellt und dem Wächter etwas Kleingeld in die Hand gedrückt haben, laufen wir auf den sorgsam angelegten Wegen entlang. Jean Marc und Lionel haben nur zwei Wochen Zeit für Burma. Da sie fast ebensoviel sehen wollen wie ich, ist ihr Aufenthalt an den einzelnen Orten sehr beschränkt. Trotzdem erscheinen sie mir gutgelaunt und interessiert. Lionel erkundigt sich nach meinen weiteren Reiseplänen.

„Laos, Vietnam, und vielleicht noch Kambodscha“, erwidere ich.

„Nächstes Jahr will ich mir unbedingt Angkor Vat ansehen“, fügt er hinzu.

Auch ich hoffe, dass mir der immer wieder aufschwelende Bürgerkrieg in Kambodscha keinen Strich durch die Rechnung machen wird. Mit Jean Marc unterhalte ich mich über Marguerite Duras. Ihren Bestseller *Der Liebhaber* habe ich als Reiselektüre im Gepäck. Die 1914 bei Saigon geborene Schriftstellerin verbrachte ihre Jugend in Indochina, davon viele Jahre im Mekong-Delta. In ihrem bekanntesten Buch beschreibt sie eine angeblich autobiografische Liaison mit einem älteren Chinesen. Die Orte ihrer Sehnsüchte und Jugenderinnerungen habe ich auf meiner Vietnam-Karte markiert. Auch Jean Marc kennt das Werk, und wir diskutieren lebhaft die Frage nach Fiktion und Wahrheit.

Auf dem Rückweg passieren wir den Golfclub. Unwillkürlich amüsieren wir uns über die reichen, weißgekleideten Spieler, deren schmächtige Balljungen wie Sklaven die Caddys hinter sich herziehen. Handelt es sich hier vielleicht nur um ein Überbleibsel aus den kolonialen Tagen oder doch um die bitterernste Wirklichkeit? Noch einige geruhsame Tage verbringe ich in der erfrischenden Kühle des Hochplateaus, bevor ich wieder in die Backofenhitze der Ebene zurückkehre.

Wasserfest in Mandalay

Inmitten des turbulenten Wasserfestes anlässlich des burmesischen neuen Jahres erreiche ich Mandalay, die zweitgrößte und angeblich typischste Stadt des Landes. Irgendwie wird sie mir nur schemenhaft im Gedächtnis bleiben, denn meine Erlebnisse hier sind nicht die besten.

Tatsächlich hängt alles mit besagtem Wasserfest zusammen, mit dem die Bevölkerung im April den Beginn des neuen Jahres feiert. Wasser gilt als lebensnotwendiges Gut und symbolisiert Reichtum und Überfluss, weswegen es sich auch zum Feiern hervorragend eignet. Besonders eben im April, während der heißesten und trockensten Zeit des Jahres. Nichts und niemand wird vom Wasserguss verschont, weder Autos, Einheimische noch Touristen, und die ganz besonders, wie mir bald erschreckend bewusst wird. Randvolle Wasserkrüge werden auf unschuldige Personen gegossen, und die Einheimischen machen sich einen Spaß daraus, das Wasser vorher eiszukühlen. Religiös gesehen ist das Fest dem König der Nats gewidmet, der während dieser drei Tage die Menschheit besucht, um sich von deren guten und bösen Taten zu überzeugen. Der Glaube an diese vorbuddhistischen Gottheiten ist neben dem an Buddha noch weitverbreitet.

Auch ich werde vom Eiswasser nicht verschont. Gleich nach meiner Ankunft überschütten mich zwei Jugendliche mit Wasser, noch bevor ich den Rucksack aufsetzen kann. Wohlweislich habe ich alles Zerstörbare, wie Kamera und Walkman, vorher sorgfältig in Plastik gehüllt. Ich finde für das Wasserfest keine Begeisterung und ärgere mich über meine pitschnassen Klamotten. Die kommenden Tage werde ich sowenig wie möglich nach draußen gehen, beschließe ich. Am nächsten Tag bin ich krank – mit Kopfweh, Schnupfen und leichtem Fieber. Die beiden Franzosen sind mittlerweile auch in Mandalay, zufällig sogar im gleichen Hotel wie ich, eingetroffen. Jean Marc versorgt mich mit allen möglichen Medikamenten. Die Arzneitasche, die er für zwei Wochen dabei hat, würde ich nicht einmal auf eine monatelange Weltreise mitnehmen! Doch ist sie hervorragend bestückt, und für sämtliche meiner Wehwehchen findet Jean Marc die passenden Medikamente.

Den nächsten Tag verbringe ich mit Nichtstun im Bett. Ich bin erschöpft, und zum Kopfweh kommen nun auch Gliederschmerzen. Zum Glück ist – dank Jean Marc – das Fieber verschwunden. Immer wieder kommt er in mein Zimmer und erkundigt sich nach meinem Wohlbefinden. Jean Marc ist Historiker. Genau so wie ihn habe ich mir diese Berufsgruppe immer vorgestellt: Blass, Halbglatze, rötlichen Haaransatz und eine braune, runde Hornbrille. Natürlich weiß ich, dass das Klischees sind, aber der Franzose würde wunderbar eine Figur des Malers Carl Spitzweg abgeben.

Am dritten Tag ist das Wasserfest am Abklingen. Mir geht es besser, und ich wage mich hinaus. Bloß kein eiskaltes Wasser mehr, hoffe ich insgeheim. Mit einer Fahrrad-Rikscha lasse ich mich zum Mandalay Fort, der Residenz des letzten burmesischen Königs, fahren. Durch Feuer, verursacht durch die anhaltenden Kämpfe zwischen Briten, Indern und Japanern im Jahr 1945, wurde der Holzpalast total zerstört. Für die Renovierung verpflichtete die Regierung Strafgefangene zu Zwangsarbeit. Außerdem verordnete sie allen männlichen Jugendlichen von Mandalay pro Monat einen Tag „Freiwilligenarbeit". Erst vor kurzem wurde die Anlage für Besucher geöffnet. Während ich durch die Höfe, Gebäude und Tempel gehe, bewundere ich die feinen Holzarbeiten. Störend wirkt auf mich allerdings die Verwendung von Zement und Wellblech in einigen Teilen der Anlage. Lange möchte ich nicht mehr herumlaufen, denn ich fühle mich immer noch schwach und sehne mich nach meinem Hotelbett, um mich ausstrecken zu können. Durch ein Tor trete ich auf die Straße hinaus und laufe in Richtung meiner Unterkunft. Einige Ecken weiter bemerke ich ein paar Jungen, die mir mit einem Eimer Wasser auflauern. Ich bedeute ihnen mit den Händen, mich zu verschonen. Sie lachen und ich laufe zielsicher weiter. Kurz nachdem ich sie passiert habe, beginnen sie samt Eimer zu rennen. Auch ich eile los, um der erneuten Dusche zu entgehen. Einen Moment achte ich nicht auf die Straße und trete mit dem rechten Fuß in ein tiefes Schlagloch, aus dem außer Drähten auch noch spitze Eisenstäbe ragen.

Ein kurzer brennender Schmerz durchfährt meinen Körper, und als ich versuche, meinen Fuß aus dem Loch zu befreien, erhalte ich die angekündigte Wasserladung. Grölend rennen die Jungen davon. Ich stoße einen bitterbösen Fluch aus. Neben einem blutenden Bein bin ich wieder pitschnass. Ich untersuche die Wunden. Zum Glück sind sie nicht allzu tief. Ich humple die Straße entlang. Wieder tauchen Kinder mit Kübeln und Schalen vor mir auf, doch als sie das Blut sehen, lassen sie mich in Ruhe. Ein Fahrradfahrer kommt vorbei, hält neben mir und bietet mir seinen Gepäckträger als Sitz an. So gelange ich zum Hotel. Nachdem ich die Wunden gesäubert habe, hilft mir Jean Marc, der wieder einmal mit seinem gesamten Arzneimittelvorrat auf mein Zimmer kommt. Mit einem Wattebausch tupfe ich die dunkelrote desinfizierende und brennende Flüssigkeit auf. Ich ruhe mich einige Stunden aus und gehe dann mit den beiden Franzosen ins Lashio-Restaurant zum Abendessen. Es ist bekannt für seine Shan-Gerichte, der traditionellen hiesigen Küche. Ich esse diesmal nur vegetarisch, da ich meinem Magen noch nichts anderes zumuten möchte. Lionel und Jean Marc jedoch probieren per Fingerzeig auf die jeweiligen Töpfe fast alles aus und sind begeistert.

Der Besitzer des Restaurants gehört der ethnischen Volksgruppe der Shan an. Er erzählt uns, dass er im Osten, nahe der laotischen Grenze, aufgewachsen sei. Das Militär hätte seinen Vater und die älteren Brüder verschleppt und zum Straßenbau im Süden gezwungen. Bis auf einen Bruder hätte keiner von ihnen die unmenschlichen Arbeitsbedingungen im malariaverseuchten Delta überlebt. Die Mutter und eine Schwester wurden von den Soldaten misshandelt und vergewaltigt. Auch sie überlebten nicht.

Der junge Mann erzählt uns in gebrochenem Englisch und mit starrem Blick von seiner Vergangenheit. Daheim gab es für ihn keine Zukunft, und als er vor fünf Jahren nach Mandalay kam, konnte er nichts anderes außer kochen. Als Küchenhilfe in einer Garküche habe er angefangen, jeden Kyat zusammengekratzt und sich schließlich mit diesem Restaurant selbstständig gemacht. Von den Touristen hätte er einige Brocken Englisch gelernt, eine Schule jedoch nie besucht. Seine Geschichte macht betroffen. Der Hintergrund der Tragödie ist, dass sich etwa 36 Volksgruppen mit ungefähr zehn Millionen Menschen dem bestehenden Regime widersetzen. Ihr Ziel ist ein Verband konföderierender Staaten. Das widerspricht den Bemühungen des Regimes um die Einheit der gesamten Nation. Im Shan-Staat werden jährlich rund 600 Tonnen Rohopium – Stoff für 60 000 Kilo reinen Heroins – produziert und durch das benachbarte Laos und Thailand illegal ausgeschleust. Mit dem Erlös finanzieren die Shan-Machthaber auf Kosten der Bevölkerung ihren Sezessionskrieg. Doch die wahren Hintergründe kennt kaum einer der Betroffenen. Auch für den jungen Mann im Restaurant zählen nur die Toten in seiner Familie. Nachdenklich machen wir uns auf den Rückweg. Ich möchte nicht länger in Mandalay bleiben, sondern weiter nach Bagan mit dem Boot fahren. Für zehn Dollar bekomme ich eine Schiffspassage auf dem Oberdeck.

Schifffahrt „de luxe" nach Bagan

Der nächste Tag beginnt für mich bereits um vier Uhr früh. Mein Bein ist blitzblau und schmerzt, doch meinem Kopf und dem restlichen Körper geht es wieder recht gut. So früh am Morgen gibt es nur Taxis, und ich lasse mich von einem solchen Gefährt zum Hafen bringen. Ich frage mich durch und finde recht schnell meinen Flussdampfer. Die Touristen werden auf das Oberdeck gelotst. Hier wird ihnen jeweils ein bequemer Klappstuhl zugewiesen. Die Einheimischen und mit Kyat zahlenden Passagiere werden ins Unterdeck gepfercht. Sie sitzen auf den Planken, zwischen Säcken voller Reis, Körben mit Mais und Obst oder Käfigen mit Hühnern und Ferkeln. Ich breite meinen Schlafsack auf dem Stuhl aus, rolle mich hinein und versuche, ein paar Stunden versäumten Schlaf nachzuholen. Bald bin ich tatsächlich eingenickt und wache erst wieder auf, als die Schiffssirene heulend das Ablegen ankündigt. Ich blicke mich um: Während meines Schlafes sind noch einige Touristen – meist junge Traveller – an Bord gekommen und haben in unmittelbarer Nachbarschaft Quartier bezogen.

Langsam fährt der Dampfer los – hinein in eine rote aufgehende Sonne über dem Irrawaddy-Fluss, der Lebensader des Landes. Das sanfte Schaukeln des Schiffes wirkt einschläfernd, und wieder nicke ich ein. Die Müdigkeit lähmt auch die übrigen Oberdeck-Passagiere, die es sich ebenfalls in den Liegestühlen bequem gemacht haben. Nach und nach schlafen alle ein. Erst der Lärm vom Unterdeck weckt mich. Ich schäle mich aus dem Schlafsack, neugierig, was da unten wohl los ist. Über eine Stiege klettere ich hinunter. Der Dampfer hat neben einem weiteren Schiff am Ufer angelegt. Ein reger Handel hat sich zwischen allen Beteiligten, den

Passagieren meines Dampfers, denen des Nachbarschiffes und den am Ufer Stehenden ergeben. Fleißig werden Waren getauscht, Ferkel wechseln die Besitzer, zwei Hühner werden kopfüber mit den Füßen an einer Stange festgebunden und so einer alten, zahnlosen Frau auf dem Boot nebenan gereicht. Die bindet die Hühner los und befestigt im Gegenzug zwei Geldscheine an den Stricken. Oberhalb des sandigen Abhanges fahren Ochsengespanne heran, um beim Be- und Entladen zu helfen. Die lehmigen Ufer sind von Kindern bevölkert. Mädchen helfen ihren Müttern beim Wassertragen, und kleine Jungen schlagen Purzelbäume, bespritzen sich mit Schlamm und springen in den Fluss. Wieder tutet es, und ich ziehe mich auf meinen Stuhl zurück. Ich bin hellwach. Die braunen Fluten des Irrawaddy tauchen das Land in noch nie gesehene Farben – für mich hat die ganze Szenerie etwas Unwirkliches und Fantastisches an sich.

„Man müsste malen können“, spricht mir mein Klappstuhlnachbar aus der Seele. Erst im Nachhinein wundere ich mich über seinen österreichischen Akzent. Wir kommen ins Gespräch. Herwig ist aus Wien und hat die letzten vier Wochen mit Arbeitselefanten im Dschungel verbracht. Für seine Doktorarbeit hat der angehende Veterinärmediziner Blutproben gesammelt. Seine einzige Sorge ist nun der burmesische Zoll, der ihm angesichts der zahlreichen Ampullen im Gepäck Schwierigkeiten bei der Ausreise machen könnte.

„Das Schlimmste wäre, wenn sie die Proben beschlagnahmen würden“, meint er missmutig.

Genau wie ich haben er und Chuah, sein malayischer Bekannter, Bagan als nächstes Ziel. Am späten Nachmittag bemerke ich ein Ziehen in der Magengegend. Ist mir vom Schaukeln des Schiffes so übel, vom Nichtessen, oder von den gestrigen vegetarischen Shan-Spezialitäten? Kurz darauf fragt mich Herwig, was mir denn fehlen würde. Ich deute auf meinen Magen.

„Nichts Ernstes“, murmele ich.

Er kramt in seinem Rucksack und gibt mir eine Schachtel mit Medikamenten.

„Nimm davon eine Pille, und nach zwei Stunden noch eine“, ordnet er an und gehorsam setze ich meine Wasserflasche an den Mund, um die bittere Tablette hinunterzuspülen. Bald geht es mir besser, doch Herwig ist immer noch besorgt und erinnert mich nach exakt zwei Stunden an die Einnahme der nächsten. So vergeht der Tag auf dem Fluss und gegen Abend werden wir mit einem spektakulären violetten Sonnenuntergang belohnt. Schließlich versinkt die Sonne melancholisch hinter den Palmenhainen und Pagoden am Horizont. Ich sitze reglos in der Dunkelheit und konzentriere mich auf das Geräusch des Wassers, das immer mit dem gleichen monotonen Klang an die Außenplanken des Schiffes schlägt. Wieder einmal spüre ich dieses unendliche Glück, auf Reisen sein zu können und die Mystik und endlose Weite ferner Länder kennenlernen zu dürfen. Jetzt, zwischen Tag und Nacht, fühle ich diesen Zustand tiefster Zufriedenheit, der meine Seele beflügelt, sie nicht mehr wegtragen muss, sondern ruhen lassen kann, da, wo sie gerade ist.

Nach etwa 17 Stunden auf dem Wasser – gegen 21 Uhr – erreichen wir Bagan. An Bord herrschen Trubel und Hektik. Jeder will so schnell wie möglich an Land, denn hier ist die Endstation der Reise. Es ist stockdunkel, und wir können nichts erkennen.

Ich schließe mich Herwig und Chuah an, denen bereits unterwegs ein Gasthaus empfohlen wurde.

„Gut und preisgünstig soll es sein", bemerkt Herwig, bevor er einen der zahlreichen wartenden Rikschafahrer anspricht. Noch wissen wir nicht, dass Bagan in verschiedene Viertel aufgeteilt ist, in denen es Unterkünfte gibt. Wir mieten uns zwei Fahrrad-Rikschas. Eine davon hat zwei Sitze hintereinander, auf denen wir beide Platz nehmen.

„Oasis Guesthouse, Nyaung Oo", ruft Herwig, und die zwei Fahrer treten in die Pedalen.

Es gibt keine Straßenbeleuchtung, und wir sehen kaum die Hand vor Augen, hören nur das Schnaufen der Fahrer. Viel Muskelstärke ist gefragt, und langsam keuchen sie einen Hügel hinauf. Ich schätze die Entfernung zwischen Anlegeplatz und Unterkunft auf gute sieben Kilometer. Es geht weiter bergauf, und bedächtig wird unser Körpergewicht nebst dem unserer Rucksäcke transportiert. Doch für die Rikschafahrer sind das Alltäglichkeiten, sie haben keine andere Wahl, ihr Brot zu verdienen. Warum sonst schlagen sie sich buchstäblich um jeden Kunden?

Plötzlich gibt es einen lauten Knall, und wir zucken erschreckt zusammen. Es ist totenstill, dann hören wir ein gleichmäßiges fffft …! Chuahs Fahrer schlägt die Hände über dem Kopf zusammen und stößt einen lauten burmesischen Fluch aus. Er beugt sich zum Wagenrad hinunter. Wir erkennen, dass es platt ist. Die beiden Fahrer diskutieren kurz miteinander auf der menschenleeren Straße. Auf keinen Fall wollen sie uns als Kunden verlieren. Dann bedeutet man Chuah, sich auf unsere Rikscha zu setzen. Das gesamte Gepäck wird auf das platte Fahrzeug verladen. Unser Fahrer strampelt drauflos, und sobald er einen Vorsprung erreicht hat, rennt er zurück, um seinen Kollegen beim Ziehen zu helfen. Wir wollen absteigen und laufen, doch die Fahrer halten uns aus Angst, etwas von ihrem Verdienst einzubüßen, auf den Sitzen fest. Schließlich – irgendwann mitten in der Nacht – erreichen wir das Oasis Guesthouse und bekommen zwei Zimmer zugeteilt. Mein Magen schmerzt wieder, und ich habe erneutes Kopfweh. Herwig kommt in mein Zimmer, reicht mir eine weitere Tablette und ein Fieberthermometer, das ich mir auf sein Zureden hin unter die Achsel schiebe. Während er auf die Temperaturanzeige wartet, kann ich es mir nicht verkneifen, ihn zu fragen:

„Hast du damit auch die Elefanten behandelt?“

Herwig grinst und nickt. Zum Glück habe ich kein Fieber mehr, und als er hinausgeht und die Türe hinter sich schließt, bin ich mir nicht mehr sicher, ob seine Antwort tatsächlich nur Spaß war.

Den nächsten Tag beginne ich ruhig. Etwas Erholung muss sein, denke ich mir, und leihe ein Fahrrad aus. Ziellos radele ich auf den staubigen Landstraßen umher, ab und zu begegnen mir Touristen, aber nur sehr wenige. Mittags kehre ich in ein kleines Gartenlokal ein. Ich habe den ganzen gestrigen Tag nichts gegessen, und mein Magen knurrt. Von der freundlichen Bedienung lasse ich mir die Speisekarte auf englisch geben. Die *Hot Thai Soup* klingt verlockend und scheint genau das Richtige für mich zu sein. Frisch gestärkt fahre ich weiter, vorbei an Souvenirläden mit Marionettenpuppen in allen Formen und Größen. Sie sind beliebte Mitbringsel unter Touristen und haben eine sehr lange Tradition. Marionetten verkörpern alle möglichen Figuren des täglichen Lebens. Einige sind besonders kunstvoll gearbeitet, mit bis zu 60 Schnüren pro Puppe, einschließlich einer für jede Augenbraue. Es gibt Raritäten, die bis zu 150 Jahre alt sind.

Auf dem Rückweg komme ich an Reisfeldern vorbei. In der Mitte eines hellblauen Sperrholzschildes steht mit krakeliger Handschrift: „Traditional Myanmar Massage“. Ich folge dem Pfeil unter den Buchstaben, der nach links weist. Vor einem Holzgitter bleibe ich stehen. Mein Blick fällt auf einen Hof, in dem eine Bambushütte auf Stelzen steht. Eine Frau streut Futter für die Hühner aus, am Brunnen lehnt ein kleiner Junge. Die Frau sieht mich und kommt lächelnd auf mich zu.

„Massage?“, fragt sie, und ich nicke.

Erst jetzt erkenne ich das schlafende Baby im Tuch auf dem Rücken. Sie öffnet das Gitter, und ich trete ein. Ich folge ihr zum Haus, in dem ein Mann – vermutlich ihr Ehemann – auf den Holzbohlen sitzt. Er bedeutet mir, nach oben zu kommen. Ich steige die wenigen Stufen der Bambusleiter hinauf, setze mich auf die Bastmatte und zeige dem Mann mein noch immer geschwollenes rechtes Bein. Er holt eine Flasche mit gutriechendem Öl hervor und massiert es auf mein Schienbein. Dann schiebt er mir ein Kissen unter, und ich strecke mich aus. Während er geschickt Beine, Arme,

Rücken, Nacken und Kopf massiert, kann ich den Alltag draußen im Hof beobachten. Das Baby wird gestillt und dann von der Mutter in die Bastwiege gelegt, die auf der Terrasse an zwei Stricken hängt. Es ist heiß, und Masseur Nyunt Aung reicht mir einen Fächer, mit dem ich mir etwas Kühle verschaffe. Die Entspannung tut gut, und die Zeit vergeht wie im Flug. Bevor ich gehe, reicht die Frau ihrem Mann und mir Tee und Erdnüsse.

Am Abend schwärme ich Herwig von der Massage vor, und gleich am nächsten Tag will er sie selbst ausprobieren. Schon jetzt ahne ich, dass auch Herwig – genau wie ich – während seines Aufenthaltes in Bagan Stammkunde bei Nyunt Aung werden wird! Ich gehe mit ihm, Chuah und Johann, einem Belgier, der seit vielen Jahren in Indien lebt, zum Essen. Jetzt am Abend ist das Klima etwas erträglicher. Unbewusst fängt man an, den ganzen Tag über auf die Kühle des Abends zu warten. Wir sitzen in einem Gartenrestaurant. Direkt vor uns befindet sich eine kleine einfache Holzbühne, auf der ein Marionettentheater aufgeführt wird. Die etwa einen Meter großen Puppen erzählen Geschichten aus längst vergangenen Zeiten, die immer wieder die gleichen Themen zum Inhalt haben: Es gibt gute und böse Nats, Königin und König, Prinz und Prinzessin, Minister, alte Frau und alten Mann, sowie Pferd, Affe und Elefant. Sie alle tummeln sich in einem Feuerwerk an Farben und Bewegungen auf der kleinen Bühne. Sogar eine Explosion wird mit einem lauten Knall und viel Dampf erzeugt. Da auch wieder mit meinem Magen alles stimmt, fühle ich mich hier in Bagan mit meinen Reisebegleitern sehr wohl.

Die nächsten Tage verbringe ich bei den über tausendjährigen Pagoden und Tempeln. Schon morgens um sechs Uhr – wenn es noch kühl ist – sitzen wir auf den Fahrrädern und radeln dem Mysterium von Bagan entgegen. Die etwa 2000 ziegelgemauerten Pagodenpyramiden mit einem Dutzend noch intakter Tempel waren einmal der Mittelpunkt des ersten der drei burmesischen Reiche vor rund 1000 Jahren und für die damalige Dynastie Mittelpunkt der Erde. Ich fühle mich fast wie Marco Polo, der einst fassungslos vor dem gigantischen Mammutfriedhof stand und ausrief:

„Dies hier ist einer der großartigsten Anblicke der Welt."

Wir klettern die unzähligen Stufen der Mingalazedi Paya hoch, laufen durch die kühlen verwinkelten Gänge der Ananda Paya und trinken Wasser im Schatten der Shwezigon Paya. Immer wieder begegnen wir Einheimischen auf Fahrrädern, Mopeds oder Familien, die auf einem Traktor unterwegs sind. Alle winken uns freundlich zu und schicken burmesische Grußworte zu uns herüber, die wir zwar nicht verstehen, doch gestenreich erwidern. Es ist Trockenzeit in Mittelburma. Ein stets wolkenloser Himmel, immerwährender Staub und täglich zwölf Stunden Sonne machen Mensch und Tier zu schaffen. Meinen schönsten Sonnenuntergang erlebe ich von der Shwesandaw Paya aus. Als ich endlich die vielen Stufen nach oben gemeistert habe, erwartet mich auf der Plattform ein etwa zehnjähriges Mädchen mit ihren zwei kleineren Geschwistern. Sie drückt mir einen selbstgemachten Schmetterling in die Hand. Im rötlichen Licht der untergehenden Sonne betrachte ich mir das fantasievolle Gebilde aus bunter Pappe und dünnem Draht genauer. Für solche Situationen habe ich immer eine Kleinigkeit dabei. Dem Mädchen drücke ich einen roten Filzstift in die Hand, und den zwei kleinen Jungen puste ich je einen Luftballon auf. Sie springen vor Freude hin und her. Dann eilen sie – flink wie die Wiesel – die mörderisch steilen Stufen hinunter und verschwinden in der Dunkelheit. Für mich zählen die Begegnungen mit Menschen zu den schönsten Erinnerungen in einem fremden Land. Immer habe ich eine Plastiktüte mit Stiften, kleinen Figuren, Luftballons und Spielzeugautos dabei. Mit diesen Dingen habe ich den Kindern schon manche Freude gemacht und Vertrauen geschaffen. Besonders in Burma ist mir aufgefallen, mit wieviel Fantasie die Kinder sich ihr eigenes Spielzeug aus Holz, Rinde, alten Fahrradreifen und Plastikflaschen zusammenbasteln.

Von Bagan aus will ich auf direktem Weg zu meiner letzten Station Nyaungshwe am Inle-See. Bequeme Minireisebusse fahren jeden Tag, und auch die Buchung soll problemlos sein. Ich reserviere mir einen Platz im Vier-Uhr-Morgenbus. Heute nachmittag ist auch Herwig abgereist, zurück nach Yangon, da er seine Elefantenblutproben nun endlich nach Wien bringen muss.

Am nächsten Morgen werde ich von meinem Wecker und vom Klopfen der Wirtin an meiner Zimmertür geweckt. Ich blinzle schlaftrunken, bin versucht, mich umzudrehen und weiterzuschlafen. Es ist halb vier, und ich muss nun wirklich aufstehen! Nach einer kalten Dusche bin ich wach, schnüre den Rucksack und warte im Eingangsbereich auf den Bus. Nach zwei Stunden bin ich mir sicher, vergessen worden zu sein. Ich bin sauer! Gut, dann werde ich es eben auf eigene Faust versuchen, in einzelnen Etappen voranzukommen.

Nach mehr als fünf Stunden und insgesamt 30 Meilen auf der Landstraße in überladenen Bussen und auf rostigen Moped-Rikschas gibt es kein Weiterkommen mehr. Ich hänge fest! Missmutig erkenne ich die Ausweglosigkeit meiner Lage und nehme das nächstbeste Gefährt zurück nach Bagan. Hier habe ich auf einer meiner täglichen Radtouren das Phyo Guesthouse inmitten der Pagoden entdeckt, in das ich mich nun einquartiere. Erneut buche ich die Fahrt zum Inle-See für den nächsten Morgen. Es ist schon später Nachmittag, und ich mache mich auf den Weg zur

Mingalazedi Paya, einem weiteren Geheimtipp für den perfekten Sonnenuntergang. Tatsächlich werde ich nicht enttäuscht, denn diesmal erzeugen die sanften Wasser des Irrawaddy als Kulisse für die kleinen und großen Zeugnisse vergangener Kulturen ein stimmungsvolles Umfeld. Dazu wirken die erst gelben, dann rötlichen und schließlich violetten Farben der am Horizont versinkenden Sonne wie ein Märchen, so weit entfernt und unwirklich, wie man es sich nur vorstellen kann. Beeindruckt von diesem Farbenspiel lege ich mich ins Bett und träume von Nats, die auf den Sonnenstrahlen hin- und herhüpfen.

Am nächsten Morgen sitze ich um vier Uhr tatsächlich im Bus. Ich bin der erste Passagier und kann mir den Platz aussuchen. Ich wähle den Beifahrersitz, so dass meine Beine entsprechende Bewegungsfreiheit haben. Nach den Fahrzeugen in den vergangenen Tagen vermittelt dieser Bus ein Gefühl von Luxus und Komfort. Ich räkle mich in den bequemen Polstern und nicke ein. Erst als mich ein Schlagloch fast aus dem Sitz hebt, werde ich wieder wach. Ich drehe mich um. Die Mehrzahl der Fahrgäste sind Touristen.

„Hi", grinst mich mein Hintermann an.

Ich erwidere den Gruß. Wieder ein Österreicher, geht es mir durch den Kopf, als er sich vorstellt. Georg ist auch aus der Nähe von Wien und reist für unbestimmte Zeit durch Asien. Den Nebensitz belegt Bettina aus der Schweiz, und nach einigen Minuten ist auch sie in unser Gespräch integriert. Wir drei sind uns auf Anhieb sympathisch, und es dauert nicht allzu lange, bis feststeht, dass wir in den nächsten Tagen einiges gemeinsam unternehmen werden. Nach einer zwölfstündigen, scheinbar endlosen Fahrt über staubige und mit Löchern gesäte Straßen gen Osten erreichen wir am späten Nachmittag den Inle-See. Bettinas angeblicher Geheimtipp entpuppt sich als das idyllisch an einem kleinen Kanal gelegene Joy-Hotel mit preiswerten einfachen Zimmern und einer mit tropischen Gewächsen überwucherten Terrasse. Hier quartieren wir uns für die nächsten Tage ein. Mit einer kühlen Dusche spüle ich mir den Staub vom Körper. Als ich mich wieder anziehen will, stelle ich fest, dass mir die Fahrt in die Knochen gegangen ist. Die vielen Schlaglöcher scheinen an meinem Muskelkater Schuld zu sein.

Ich beschließe, mir ein wenig die Beine zu vertreten. „Der goldene Bananenbaum", wie die Übersetzung für Nyaungshwe lautet, liegt an mehreren Kanälen am Nordende des Gewässers. Der kürzeste Weg, zum See zu gelangen, ist der mit dem Kanu. Von einer Brücke aus beobachte ich eine Zeitlang das Leben auf dem Wasser. Rund 126 000 Menschen wohnen in den Orten rings um den See. Zum größten Teil sind es Angehörige der Minderheiten. Ich brauche nur die Körbe und Säcke auf den einzelnen Booten zu betrachten, um zu wissen, was hier angebaut und geerntet wird: Tomaten, Bohnen, Blumenkohl, Zwiebeln, Betelnüsse, Melonen, Bananen, Papayafrüchte und Reis. Ein junger Mann im blaugrau karierten *Longyi* und weißen Hemd kommt auf mich zu.

„Wanna make a canoe trip?“, fragt er mich.

Sein Englisch hat einen starken amerikanischen Akzent. Tour Guide – Touristenführer – sei er, außerdem könne er die billigsten Touren durch die Kanäle und auf den See hinaus vermitteln.

„Nur fünf Dollar für den ganzen Tag“, meint er geschäftig.

Ich erwidere, dass ich sein Angebot überdenken werde. Er lässt sich in der Hocke neben mir nieder.

„U Ba Thwin“, stellt er sich vor und reicht mir die Hand.

Dann erklärt er mir, dass das meiste Gemüse auf schwimmenden Inseln im See angepflanzt wird. Durch verschiedene Komponenten sei dort die Erde besonders fruchtbar, und es könne mehrere Male im Jahr geerntet werden. Besonders die Angehörigen des Intha-Volkes sollen sehr geschickt im Umgang mit Landwirtschaft und Fischerei sein. Ich bin neugierig auf diese „Seekultur“ geworden und verspreche U Ba Thwin, während der nächsten Tage mit ihm hinauszufahren.

„Am Sonntag ist in Ywama schwimmender Markt“, ruft er mir zum Abschied hinterher.

Vielleicht haben die anderen auch Lust auf eine Bootstour! Mein Weg zurück zum Joy-Hotel führt an einem Schild mit der Aufschrift „Golden Duck Guesthouse“ vorbei, das unübersehbar in der untergehenden Sonne blinkt.

Ich bin müde. Nach einem Tee und ein wenig Plauderei unter den Palmblättern auf der Terrasse gehe ich schlafen. Nachts verschaffen starke Regengüsse eine willkommene Abkühlung.

Am nächsten Tag notiere ich in mein Tagebuch: „Außergewöhnlich gut und tief geschlafen – seit langem zum ersten Mal wieder!“

Mit Georg im Schlepptau mache ich mich auf die Suche nach U Ba Thwin. Schließlich finden wir ihn auf einem Kanu an einem der zahlreichen Seitenkanäle. Schon von weitem sieht er mich und winkt mir zu.

„Okay, zwei Dollar pro Person für eine Halbtagestour“, schlage ich ihm vor.

Er willigt ein und drückt mir bestätigend die Hand. Georg lächelt lautlos und zupft sich am Bart. U Ba Thwin schaut ihn von oben bis unten an. Er scheint noch nie so kräftige Waden gesehen zu haben, wie sie Georg besitzt. Darüber hinaus finde ich, dass die klobigen Boots mit den weißen

Tennissocken die Form nur noch mehr betonen. Überhaupt hat Georg die Figur eines Bodybuilders. Zu Beginn unseres Kennenlernens hatte ich ihm gegenüber nur Vorurteile: Der verbringt bestimmt die Hälfte des Tages im Fitness-Studio! So und ähnlich gelagert waren meine Vorstellungen, bis mich Georg eines Besseren belehrte: Als Bodyguard eines arabischen Scheichs lebte er mehrere Jahre in Marokko. Die Muskelmasse hatte er sich somit aus beruflichen Gründen zugelegt.

Lautlos gleiten wir durch die schmalen Kanäle mit Reisfeldern an beiden Ufern. Dazwischen tauchen immer wieder Holzhäuser auf Stelzen in den Mündungen der Flüsse auf. Wasserbüffel prusten Fontänen träge aus den Nüstern. An der Biegung eines Kanals springen Kinder von der Böschung ins Nass, um sich die Lehmklumpen abzuspülen, mit denen sie sich vorher laut kreischend beworfen haben. Frauen sitzen bis zu den Hüften im Wasser und nehmen Fische aus. Andere knien auf Holzbalken, neben sich Plastikschalen mit Kernseife darin, und waschen die Kleidung ihrer Männer und Kinder. Wie friedlich es hier ist, so gänzlich unberührt von der Außenwelt. Eine autark lebende Gemeinschaft, die sich hier inmitten der Kanäle angesiedelt hat. Meine Gedanken teile ich Georg mit, der zustimmend nickt. Wir gelangen zu einem Nat-Schrein inmitten abgestorbener Banyan-Wurzeln, umgeben von sattgrünen sumpfigen Reisfeldern. U Ba Thwin vertäut das Boot an einem Pfosten, und wir betreten die Tempelanlage. Ein Mönch in einer rotbraunen Kutte kommt auf uns zugeeilt, um uns auf englisch zu begrüßen. Wir ziehen die Schuhe aus, und er führt uns ins Innere des Holzbaus. Im Halbdunkel erkenne ich religiöse Statuen, einen Spendenkasten und Schüsselchen mit Reis, Bananen und Blüten als Gaben für die Geister. Der Mönch hüpft völlig aufgedreht hin und her. Offensichtlich freut er sich dermaßen über unseren Besuch, dass er auch noch wie ein Wasserfall redet.

„Der hat wohl einen Joint geraucht!“, bemerkt Georg trocken.

Wir bekommen Tee, Bananen und trockene Kekse vorgesetzt. Nachdem wir einen Geldschein in die Spendenkiste gesteckt und uns verabschiedet haben, steigen wir wieder ins Kanu.

„Es kommen nur wenige Touristen hierher“, sagt U Ba Thwin.

„Deshalb war der Mönch so aufgekratzt!“ Georg grinst und schiebt sich wieder seine blaue Schirmmütze über den kahlgeschorenen Kopf.

Auf dem Rückweg zum Hotel laufen mir Jean Marc und Lionel über den Weg. Mit einem Zusammentreffen habe ich nicht mehr gerechnet, da sie in Eile sind und auch kurze Strecken mit dem Flugzeug zurücklegen. Es ist ihr vorletzter Tag in Burma.

„Hast du Lust, uns heute abend bei den Four Sisters zu treffen? Da soll man typisch burmesisch essen können“, fragt mich Lionel.

Ich nicke und gehe ins Hotel. Auch Bettina und Georg sind von dem Vorschlag begeistert und schließen sich mir an. Wir haben Mühe, das Restaurant der Four Sisters zu finden, da weder Wegweiser noch Schilder existieren. Endlich sehen wir es inmitten eines Wohnviertels. An der Tür werden wir bereits von einer Schwester empfangen.

„Welcome“, sagt sie und bittet uns, die Schuhe auszuziehen.

Im einfachen Holzhaus setzen wir uns auf Bastmatten an einen niedrigen runden Tisch. Auch die übrigen Tische sind mit Touristen besetzt. Wahrscheinlich sind die Four Sisters Nyaungshwes Gourmettempel Nummer Eins! Jean Marc und Lionel kommen wenig später und setzen sich zu uns auf den Boden. Es gibt keine Speisekarte, sondern es wird gegessen, was auf den Tisch kommt. Dafür variieren die Gerichte jeden Tag.

„Lassen wir uns mal überraschen!“, meint Bettina leicht zögerlich.

Tatsächlich essen wir über eine Stunde. Immer wieder werden uns neue Gerichte vorgesetzt. Fan, eine der vier Schwestern, sagt uns jedesmal erst die burmesische und dann die englische Bezeichnung. In meinem Tagebuch habe ich mir sämtliche Namen notiert. Wir beginnen mit *hin-gyo*, einer milden Suppe aus Gemüsepüree. Wahlweise kann man dazu auch *ngapi*, eine salzige Paste aus getrocknetem Fisch, bestellen. Dann gibt es *khauksen* – weiße Reisnudeln mit Curry und mariniertes Hühnerfleisch in Kokosnussmilch. Als Beilage wird *ngapi kyaw* – fritierte Krabbenpaste in Erdnussöl mit Chilli, Knoblauch und Zwiebeln, sowie *thok* – ein scharf gewürzter Salat aus rohem Gemüse – gereicht. Die Nachspeise besteht aus *magyi ywe thok*, gesüßten Tamarindenblättern. Dazu trinken wir entweder Tee, Cola oder *Mandalay Beer*. Wider Erwarten hat unser Mahl hervorragend geschmeckt, und als ich mich umdrehe, sehe ich auch an den anderen Tischen zufriedene Gesichter. Schließlich haben wir alle das Gleiche serviert bekommen. Das Besondere an diesem Lokal ist, dass es keine Preise gibt. Die Four Sisters finanzieren sich über Spenden. Also gibt jeder von uns seinen Obolus, plus Trinkgeld. Beim Hinausgehen strahlen die Gesichter der Mädchen – Bestätigung dafür, dass wir mit der Bezahlung richtig lagen.

Der ganze nächste Tag gehört dem auf 900 Meter Höhe gelegenen See. Für ein paar Dollar haben wir die Tour in unserem Hotel gebucht. Diesmal geht es mit einem Außenbordmotor los, da weite Strecken zurückgelegt werden. Unterwegs begegnen wir den Intha-Fischern. Sie rudern ihre Boote mit den Füßen, um so die Hände für das Hantieren mit den Netzreusen frei zu halten. Thal, unser Kapitän, erklärt, dass die Frauen das

Gemüse nicht an Land, sondern auf schwimmenden Feldern im See anbauen, auf einem Teppich aus Wasserhyazinthen, der mit Grundschlamm gedüngt wird. Diese Seebewohner haben sich also perfekt den „amphibischen" Gegebenheiten angepasst und wohnen in Pfahlhütten auf dem Gewässer.

Unterwegs legen wir an einer dieser Hütten an. „Restaurant" steht in Großbuchstaben angeschrieben. Ich trinke Tee und schaue auf das Wasser hinaus – ein Bild, so schön und friedlich. Ein Pfeil zeigt mir den Weg zur Toilette. In einer kleinen Pfahlhütte lässt sich mein Bedürfnis verrichten. Inmitten der durch Holzwände abgeteilten Kabinen gibt es Löcher, und beim Pinkeln kann ich etwa zwei Meter weiter unten die Fische beobachten, die mit weit aufgerissenem Maul nach den auf sie herab prasselnden Tropfen schnappen.

Der schwimmende Markt von Ywama ist, was burmesische Verhältnisse angeht, doch sehr touristisch. Unermüdlich paddeln Kanus heran. Bunte geschnitzte Masken, Strohhüte, Wasserpfeifen, Amulette, Holzschalen und Lackarbeiten – das gesamte burmesische Souvenir-Potpourri ist hier auf dem Wasser vertreten. Keiner kann sich für das Überangebot begeistern, und wir machen Thal klar, doch weiterzufahren. Wir halten am hölzernen Nga Phe Kyaung-Kloster, das bekannt für seine springenden Katzen ist. Tatsächlich machen sich die Mönche einen Spaß daraus, dressierte Katzen durch unterschiedliche Ringe springen zu lassen. Mehr jedoch interessiert mich die Sammlung von Buddha-Figuren im Shan-, Tibet- und Bagan-Stil im hinteren Teil des Gebäudes. Genauso beeindruckend wie die Statuen selbst sind die Behälter, in denen sie aufbewahrt werden. Die meisten Kästen sind mit wunderschönen Holzornamenten und Mosaik-Einlegearbeiten verziert und mehr als hundert Jahre alt.

Als wir am Spätnachmittag wieder nach Nyaungshwe fahren, begleitet uns ein tiefroter Sonnenuntergang. Bald hören wir nur noch das Geräusch des Motors und die Wogen, die aus dem Dunkel des Sees heraus an die Planken des Bootes klatschen. Nur noch wenige Tage bleiben mir in der Abgeschiedenheit des Sees. Ich unterhalte mich mit den Einheimischen und besuche den Montagsmarkt im Dorfzentrum. Hier gibt es alle Arten von Gemüse und farbenfrohen Früchten und – wie mir eine alte Frau versichert – die größten Melonen des Landes. Sie sitzt unter einer uralten, mächtigen Würgefeige der Art *Ficus religiosa*, die den Buddhisten heilig ist, denn unter solch einem Baum soll Buddha seine Erleuchtung empfangen haben.

Die Stunde des Abschieds verbringen wir auf der Terrasse des Joy-Hotels mit Cola und Mandalay-Rum. Immer mehr Traveller gesellen sich zu Bettina, Georg und mir. Schließlich schwelgen wir alle in Erinnerungen, erzählen von Begegnungen und geben uns gegenseitig Ratschläge für die Weiterreise. Jeder von uns hat ein neues Ziel vor sich liegen. Manchmal ist das Auseinandergehen schwerer, manchmal leichter. Wenn es schwerer ist, tröstet der Gedanke an die vielen guten Erinnerungen, wenn es leichter ist, freut man sich schon auf neue Begegnungen und Abenteuer.

Cola und Rum lassen mich während der letzten Nacht in Nyaungshwe in tiefen Schlaf fallen. Am nächsten Morgen steige ich gemeinsam mit Georg in den Bus, der uns nonstop in 16 Stunden zurück in die Hauptstadt bringen wird. Ich bin ganz in Gedanken und spüre die Enge und Unbequemlichkeit meines Sitzes kaum. Irgendwie schaffe ich es, meine Beine auf zwei prallgefüllten Reissäcken zu plazieren und döse vor mich hin.

Plötzlich hält der Bus mit quietschenden Bremsen. Ich schrecke auf und blicke durch die Windschutzscheibe nach vorn. Es ist dunkel, und auf der Straße hat sich eine Menschentraube gebildet. Inmitten dieser sehe ich zwei ineinander gekeilte Autos. Ein älterer Mann läuft verstört auf der Straße herum und hält ein Baby in den Armen, das seltsam verrenkt ist. Auch Georg ist wach geworden, und ich höre ihn wie aus weiter Ferne sagen:

„Das Kind ist tot."

Als unser Bus den Unfallort passiert, sehe ich eine alte Frau auf der Straße liegen, die ihre Hände schmerzverzerrt auf den Bauch presst.

„Bis die Ambulanz hierher kommt, ist die Frau längst gestorben", bemerkt Georg bitter.

Dann reden wir bis zum Morgen kein Wort mehr. Noch lange sehe ich diese schrecklichen Bilder vor mir.

Gerädert erreichen wir am frühen Morgen Yangon. Während sich Georg ins White House-Hotel einquartiert, stelle ich nur meinen Rucksack ab, denn mein Flug zurück nach Bangkok geht um vier Uhr nachmittags. Die letzten Stunden verbringe ich auf dem riesigen, über siebzig Jahre alten Bogyoke Aung San-Markt, wo ich mich mit einigen wenigen, ausgewählten Souvenirs eindecke: Eine kleine, geschmackvoll lackierte Dose, etwas *Thanaka*-Paste und eine Schultertasche aus Stoff im traditionellen Shan-Stil. Dann gehe ich zum Post- und Telegrafenamt – noch ganz im britischen Kolonialstil – und gebe ein paar Postkarten auf. Schließlich dauert meine Reise noch einige Monate, und ich erinnere mich an die Ermahnungen meiner Familie und Freunde, doch in regelmäßigen Abständen zu schreiben.

Wieder im Hotel treffe ich überraschend auf Jennifer. Sie wollte doch schon längst daheim in England sein! Nein – die Liebe hat sie diesmal veranlasst, in Yangon zu bleiben, und zwar auf unbestimmte Zeit. Vorausgesetzt, die Einwanderungsbehörden spielen mit! Das alles erzählt sie mir bei einer Kokosnudelsuppe mit einer extra Portion Frühlingsrolle in der kleinen Garküche an der Ecke.

Dann ist wieder einmal die Zeit des Abschieds gekommen. Nachdem ich im Hotel meinen Rucksack geschultert und Jennifer und Georg umarmt habe, laufe ich, ganz in Gedanken versunken, zur Hauptstraße, um mir ein Taxi zu nehmen. Während der halbstündigen Fahrt zum Flughafen lasse ich die vergangenen Wochen Revue passieren: Aung San Suu Kyi, *Mandalay Sour* im Strand-Hotel, rosafarben gekleidete Novizinnen, burmesische Zigarren mit Vanillearoma, Sonnenuntergang über dem Goldenen Felsen, Candacraig-Hotel in Maymyo, eiskaltes Wasser, Fieber, österreichischer Elefantendoktor, tausendjährige Pagoden, burmesische Massagen, schnappende Fische und Kokosnudelsuppe mit Frühlingsrolle.

Dann endlich, noch bevor ich ins Flugzeug steige, wird mir klar, dass das Abenteuer Burma hinter mir liegt.

Zwischenstopp in Thailand

Ich bleibe ein paar Tage in Bangkok, dem Mekka für Rucksackreisende aus aller Welt. Hier warte ich auf mein Visum für Laos. Ich nutze die Tage, um den Königspalast zu besichtigen, und die Abende, um in den Kneipen der Khao San Road die internationale Szene zu beobachten. Mittlerweile hat der Monsun auch Süd-stasien erreicht, und Bangkok wird von heftigen Regengüssen heimgesucht, die plötzlich und unerwartet die Straßen in Flüsse verwandeln. Noch geschieht es meistens nachts oder in den frühen Morgenstunden. So ist es, wenn für mich der Tag beginnt, meist wieder sonnig und trocken.

Die Khao San Road lebt von und für die Traveller. Ich sehe Gesichter, denen ich bereits vor vier Wochen am gleichen Ort begegnet bin. Die Straße hat sich auf die individuellen Bedürfnisse der Reisenden optimal eingestellt und bietet für noch immer vernünftige Preise einfach alles: Restaurants mit internationaler Menüfolge, Apotheken, Reisebüros, die von Visabeschaffung über günstige Flugtickets bis hin zu organisierten Busreisen alles im Programm haben, was Fernweh verursacht oder stillt, Unmengen an Boutiquen mit der neuesten und lässigsten Freizeitmode, die auch dem spießigsten Touristen die Aura eines Hippies oder New Age-Typs geben kann, und zur Entspannung mehrere Etablissements mit Thai-

und Fußreflexzonenmassagen. In fast schon zu klimatisierten Zimmern liegen die Erholungssuchenden auf Matratzen nebeneinander und geben sich den mal sanften, mal energischen, aber auch schmerzhaften Techniken hin. Es wird mit Händen, Füßen, Ellbogen und Knien gearbeitet, die sich oft erbarmungslos in die Muskeln bohren, doch die wohltuende Wirkung der prickelnden Wärme, die anschließend den gesamten Körper durchströmt, verschafft ein überraschendes Gefühl der Entspannung und Ausgeglichenheit.

Manche Zeitgenossen haben das Reisen zu ihrem ausschließlichen Lebensinhalt gemacht. Die, die dabei auf ihr Budget achten müssen und der täglichen Gelegenheitsjobs überdrüssig sind, kommen in die Bars und Kneipen, um in Gesprächen weitere aufregende und unbekannte Reiseziele zu entdecken.

„Ist die Grenze zwischen Nepal und Tibet offen", fragt ein Brite den Landsmann, der von Kathmandu aus nach Bangkok kam.

„Ja, bis vor kurzem, doch dann gab es eine Schießerei mit einigen Schmugglern. Ich würde es jetzt nicht riskieren!"

„Mein Flug geht nächste Woche. Ich will unbedingt nach Lhasa und den Potala Palast sehen. Mein Lebenstraum, verstehst du?"

„Könnte verdammt gefährlich werden!"

„Ich mach´s, jetzt, wo ich endlich die Kohle zusammen habe."

Ich höre den Träumen zu. Für alle ist die Khao San Road nur ein Zwischenstopp, egal, wie lange er letztendlich dauert.

Für Ben aus Holland war sie Endstation einer langen Reise. Niedergelassen hat er sich hier und ein Restaurant aufgemacht. So ganz kann er doch nicht auf die Atmosphäre der großen weiten Welt verzichten und hält sich die Möglichkeit offen, alles innerhalb weniger Tage abbrechen zu können und erneut den Sprung ins Abenteuer zu wagen. Auch der Amerikaner Sam ist geblieben. Vor zehn Jahren kam er zum ersten Mal hierher. Auf Bangkoks Rotlichtmeile Patpong hat er sich Hals über Kopf in eine Tänzerin verliebt und ist geblieben. Zwei Jahre hat ihn der Zauber des „Schmetterlings", wie er sie heute noch nennt, nicht mehr losgelassen. Dann kam ein anderer, ein Geschäftsmann aus Australien mit mehr Geld als der mittlerweile abgebrannte Sam, und *Butterfly* hat sich in ihn verliebt.

„Die Faszination für Asien ist geblieben – auch ohne sie. Deswegen bin ich heute noch hier", sagt er.

Sam kommt mit seinem kleinen Schmuckgeschäft gerade so über die Runden. Wann immer Geld und Zeit es ihm ermöglichen, fährt er auf die kleinen malerischen Inseln im Süden.

„Die schönsten Strände der Welt", beschreibt er seine ganz persönlichen Paradiese.

Ich unterhalte mich den ganzen Abend mit ihm und stelle immer wieder die Zufriedenheit fest, mit der er sein Leben lebt und gestaltet.

„In zwei Wochen schließe ich den Laden und fahre nach Ko Phi Phi hinunter – für einige Monate. Solange das Geld reicht", meint er augenzwinkernd.

Am nächsten Tag erhalte ich endlich das Laos-Visum. Meiner lang ersehnten Reise durch Indochina steht nun nichts mehr im Wege.

Ich buche eine Busfahrt nach Nong Khai, an der Grenze zu Laos und nur 24 Kilometer von Vientiane, Laos´ Hauptstadt, entfernt. Man bietet mir einen Platz im VIP-Bus an. Warum nicht? Am Abend werde ich gemeinsam mit anderen Reisenden in einem Minibus durch den dichten Verkehr zum Busterminal Nord gebracht. Der VIP-Bus erweist sich als normaler Langstreckenbus, jedoch mit angenehmen Sitzen, Decken wegen der extrem kühlen Klimaanlage und einem Fernseher. Das Video zeigt eine nervenaufreibende, kitschige und laute Thai-Talkshow. Leider habe ich meine Ohrenstöpsel im Rucksack, so muss ich mir die Talkshow wohl oder übel anhören. Endlich wird das Gerät abgeschaltet, und sofort fallen alle Passagiere in tiefen Schlaf. Ich bleibe wach, denn wieder verhindert das kraftvolle Schnarchen meines Sitznachbarn jegliches Einschlummern.

Am frühen Morgen beginnt es zu regnen. Grauer Nebel hängt zwischen den Feldern. Unermüdlich pflügen die Bauern schon zu dieser frühen Stunde mit ihren Ochsenkarren die nasse Erde. Die Zeit scheint stehengeblieben zu sein, zumindest hier im Norden von Thailand. Ich bin noch zu schlaftrunken, um zu realisieren, dass wir in Nong Khai angekommen sind. Mein schnarchender Nachbar hat seinen Zielort bereits in der Nacht erreicht. Das erklärt auch die paar Stunden Schlaf, die ich einigermaßen ungestört genießen konnte.

Laos – Im Reich der Millionen Elefanten

Als ich im Busbahnhof aus dem Fenster blicke, erkenne ich eine Schar von *Tuk Tuk*-Fahrern, die die wenigen Touristen an die thailändische Grenze bringen wollen. Heftig gestikulierend stehen sie da und warten ungeduldig auf ihre Opfer. Auf jeden der drei Touristen kommen etwa vier von diesen Fahrern. Das Wettfeilschen beginnt, als wir aussteigen. Ich bekomme die Fahrt für einen recht guten Preis, und der Fahrer nimmt mir sogar den Zwölf Kilo-Rucksack ab. Immer noch recht schläfrig trotte ich meinem Rucksack zum *Tuk Tuk* hinterher. Das Knattern des Motors macht mich endlich wach. Wir sind auf dem Weg zur Australischen Freundschaftsbrücke, dem Grenzübergang. Wahrscheinlich haben da die Australier kräftig gesponsert, um diese prestigeträchtige Namensgebung zu erhalten, denke ich.

Weiter geht es dann mit einem Sammelbus bis zur laotischen Grenze. Die Einreiseformalitäten sind schnell erledigt, und ich erhalte eine Aufenthaltsgenehmigung für fünfzehn Tage – wie alle anderen Touristen auch. Laos in nur zwei Wochen zu bereisen ist schier unmöglich und verspricht jede Menge Stress. So sehe ich mich gezwungen, einige Orte von meiner geplanten Reiseroute zu streichen. Doch zuerst einmal gilt meine Aufmerksamkeit dem Weiterkommen. Wieder kein Problem, denn diesmal wartet ein laotisches Sammel-*Tuk Tuk* auf mich, und ich zahle einen stolzen Preis, um nach Vientiane zu gelangen. Dass wir uns der Hauptstadt nähern, erkenne ich nur daran, dass die Straßen weiter und belebter werden.

Ansonsten gibt es viel Staub und Schlaglöcher. Der Name Vientiane bedeutet „Stadt des Mondes". In den etwa zehn Jahrhunderten seiner Geschichte verlor der Ort mehrere Male seine Stellung als unabhängiges Königreich und wurde von Burmesen, Siamesen, Vietnamesen und den Khmer beherrscht. Als Laos - das Land der Millionen Elefanten – im 14. Jahrhundert von dem Eroberer Fa Ngum mit Unterstützung der Khmer etabliert wurde, hatte es zunächst sein Zentrum in Luang Prabang, aber im frühen 16. Jahrhundert wurde die Hauptstadt nach Vientiane verlegt. Ende des 19. Jahrhunderts und zu Zeiten des französischen Protektorates, erlangte Vientiane den Status einer Hauptstadt. Bis heute ist es so geblieben.

Nachdem ich mich in ein kleines Hotel in der Innenstadt einquartiert habe, laufe ich durch die Straßen und mache mir Gedanken über eine möglichst effiziente Weiterreise. Ich beschließe, schon morgen nach Süden weiter zu reisen und mir anschließend den Norden anzusehen. Obgleich Vientiane die größte Stadt von Laos ist, kann man sie leicht zu Fuß kennenlernen. Das Straßenbild wird mehr von Mopeds, Fahrrädern und Rikschas geprägt als vom Autoverkehr. Der ältere Teil der Stadt am Mekong sowie Tempel und breite Alleen mit hohen Bäumen verbreiten eher ein Gefühl von Zeitlosigkeit.

Schon lange übt der Mekong-Fluss eine starke Anziehungskraft auf mich aus. Vielleicht, weil er zur Poesie Indochinas gehört, die auf den westlichen Besucher noch so viel Magie und Fremdartigkeit ausüben kann. Ich habe diese Faszination nie hinterfragt und versuche, sie einfach durch und mit dieser Reise auszuleben und in mich aufzunehmen. Schon immer fühlte ich den Wunsch, den Mekong zu sehen und zu spüren, von seinen Ursprüngen bis zu seinem Ende. Und jetzt endlich bin ich in einer Stadt an diesem Fluss und kann es noch gar nicht richtig glauben und begreifen.

Am Spätnachmittag gehe ich hinunter an seine Ufer. Wie breit er hier ist, und wie wenig Wasser er jetzt führt. Die Regenzeit hat gerade erst begonnen, und noch markieren Sandbänke die Stellen, die bald von den graubraunen Fluten des Monsuns verschlungen werden. Dieser Fluss war und ist die Lebensader Indochinas, die gedeihen und wachsen lässt, aber auch das zerstören und vernichten kann, was sich ihr widersetzt.

In einem kleinen offenen Restaurant auf einer Anhöhe am Ufer setze ich mich auf die einfachen Holzbänke und vergesse die Zeit. Ich gehe erst, nachdem die Sonne als kreisrunder roter Ball am Horizont verschwunden ist. Langsam laufe ich zum Hotel zurück. Immer wieder fallen mir schöne Restaurants auf – die französische Cuisine ist verständlicherweise besonders stark vertreten. Um einen Springbrunnen herum sind Tische und Stühle plaziert. Ich bin erstaunt, denn so viel Flair habe ich diesem kleinstädtischen Ambiente nicht zugetraut. Im Saloon mit amerikanischer Westernromantik entdecke ich nach all der asiatischen Küche etwas, das mir das Wasser im Munde zusammenlaufen lässt und das ich ohne Zögern sofort bestelle: *Spaghetti Bolognaise* und dazu ein Glas *Cabernet Sauvignon*. Nachdem ich den Gaumenschmaus genossen habe, gehe ich früh schlafen, denn der morgige Tag verspricht eine mindestens zwölfstündige, unbequeme Busfahrt. Tatsächlich wird sie viel länger und nervenaufreibender als ich mir im Moment vorstellen kann.

Pünktlich erscheine ich am nächsten Morgen am Busbahnhof und kaufe für ein paar Dollar das Ticket. Prompt wird mir auch gleich der beste Platz zugewiesen – am Fenster und mit genügend Beinfreiheit, da sich der Notausgang gleich nebenan befindet. Außer mir sind noch zwei Japaner im Bus, und als einzige Touristen weit und breit kommen wir gleich ins Gespräch. Jeder erzählt seine Reiseerlebnisse, und ich erhalte wertvolle Tipps für meine anstehende Vietnamtour.

Am Anfang der Fahrt merke ich den unbequemen Sitz noch nicht, da ich viel zu sehr mit der Landschaft beschäftigt bin, die draußen vorüberzieht. Palmengedeckte Pfahlhäuser, Frauen mit spitzen Strohhüten, die die Feldarbeit verrichten, halbnackte Kinder, die uns begeistert zuwinken, sowie graue und hellhäutige - zu meiner großen Überraschung – Wasserbüffel geben Einblicke in das einfache Leben auf dem Land. Auf den neuen, asphaltierten Straßenstücken rast der Bus mit einer, wie mir scheint, sagenhaften Geschwindigkeit dahin. Dazwischen zwingen lehmige und aufgeweichte Schotterbahnen zum Langsamfahren. Der Bus hüpft über tiefe Löcher und bekommt Schlagseite. Blicke in steile Abgründe offenbaren sich uns. Manchmal bleiben wir auch im knöcheltiefen Morast hängen. Ab und zu hält der Bus für kurze Pinkelpausen. Während sich die männlichen Passagiere an den Straßenrand stellen, suchen sich die Frauen irgendwelches Buschwerk aus, hinter dem sie verschwinden können. Meist ist das Grünzeug in solchen Situationen nur sehr dürftig vorhanden. Allzu viel Scham ist unangebracht. Neugierige männliche Blicke fallen mir auf jeden Fall nicht auf.

Plötzlich verlangsamt der Bus seine Fahrt und stoppt schließlich ganz. Mir schwant Schlimmes, als ich eine lange Reihe von LKW erblicke. Nach und nach sickert die Neuigkeit auch zu uns durch: Ein Erdrutsch hat die Straße unpassierbar gemacht. Bagger und Traktoren aus dem nächsten Ort seien schon auf dem Weg. Diese Geschichten kenne ich von früheren Reisen, und ich kann mir gut vorstellen, wie lange es bis zur Weiterfahrt dauern kann. Ich steige aus, um mir die Beine zu vertreten. Die Sonne brennt unbarmherzig auf die Wagenkolonne. Seitlich fließt der immer noch recht wasserarme Mekong dahin. Ich steige eine Böschung hinab und blicke auf den Fluss und die sich parallel dazu erstreckende Annamitische Kordillere. Große weiße Wolken verdichten sich zu immer neuen Fantasiegebilden vor dem Hintergrund des tiefblauen Himmels. Die Stille wird nur ab und zu durch das Knattern der Außenbordmotore schmaler Boote unterbrochen, die die Bewohner der sumpfigen Ufergegenden mit Lebensmitteln versorgen. Immerhin vier Stunden vergehen bis es weitergeht. Dann ist die Straße geräumt und wieder einigermaßen passierbar.

Sabine Ludwig

Keine Klagen sind zu hören. Schicksalsergeben ertragen die Passagiere die Warterei. Hier haben die Menschen noch alle Zeit der Welt und die entsprechende Geduld, den Lauf der Dinge so anzunehmen, wie er eben ist. Es gibt kein Hinterfragen, sondern einfach nur die Anpassung an Geschehnisse, die unabänderlich sind.

Schon bald wird es dunkel. Wir fahren immer noch am Mekong entlang. Im Zwielicht der Dämmerung wirkt die Landschaft besonders schön und friedlich. Unverwandt blicke ich aus dem Fenster. Den Mythos von Indochina habe ich mir immer so vorgestellt. Innerhalb weniger Minuten wird es stockdunkel. Kurz vor Mitternacht erreichen wir den menschenleeren Busbahnhof von Savannakhet im Süden. Lediglich ein paar *Tuk Tuk*-Fahrer sind unterwegs und warten auf Kundschaft.

Savannakhets Kleinstadtcharme

Nur ein Hotel im Zentrum hat zu dieser späten Stunde noch geöffnet. Zu ihm werde ich gefahren. Das Zimmer ist groß, und die kalte Neonbeleuchtung verstärkt das schäbige Ambiente nur noch. In der Mitte des Raumes stehen zwei Holzbetten. Die Matratzen sind hart, doch bin ich viel zu müde, um mir darüber Gedanken zu machen. Ich schlafe unerwartet gut. Nachts regnet es wieder sehr heftig, und am frühen Morgen haben sich Savannakhets Straßen in lehmige Pfützen verwandelt. Als ich aufwache, sind sie schon wieder trocken und staubig, und die Sonne brennt unbarmherzig vom Himmel. Auf dem vietnamesischen Konsulat beantrage ich mein Visum für das Nachbarland. In gut verständlichem Englisch wird mir erklärt, dass die Genehmigung drei Tage dauert und ich meinen Pass nicht hinterlegen muss. Kurzentschlossen entscheide ich mich, weiter in den Süden zu fahren, um dann auf dem Rückweg mein fertiges Visum in Empfang zu nehmen. Ich denke, dass ich dadurch die wenigen Tage im Land am effektivsten nutzen kann.

Im Reiseführer lese ich, dass sich in Savannakhet das beste und einzige Schwimmbad von ganz Laos befinden soll. Ich laufe zu dem angegebenen Hotel und finde tatsächlich einen 25-Meter-Pool vor, allerdings ohne die entsprechende Liegewiese. Am Beckenrand stehen ein paar schäbige Plastikstühle, doch ich bin sowieso nur am Schwimmen interessiert. Das erfrischende Nass stellt sich dann eher als lauwarm heraus, doch mit Vergnügen tummle ich mich im Wasser und schwimme tausend Meter. Der Spaß kostet mich weniger als einen Dollar, und ich bleibe bis zum Spätnachmittag. Dunkle Gewitterwolken verkünden einen erneuten

Monsunregen, und während ich ins Hotel zurücklaufe, öffnet der Himmel seine Schleusen. Innerhalb von wenigen Minuten bin ich völlig durchnässt. Obwohl Savannakhet die zweitgrößte Stadt des Landes ist, wirkt sie provinziell und zeitlos. Es scheint, als hätte sich hier in den letzten Jahrzehnten nicht viel verändert. Keine der Straßen ist asphaltiert, und der Kleinstadtcharakter wird durch den halbzerfallenen französischen Kolonialstil eher noch verstärkt.

Die nächsten zwei Tage gehören der Fahrt hinunter in den Süden. Die Fahrverbindungen sind schlecht und die zu Personentransportern umfunktionierten LKW hoffnungslos überfüllt. Auf holprigen Dschungelpisten geht es weiter – vorbei an Pfahlbauten, in denen die Bewohner auf Bastmatten schlafen und Kindern, die in seichten Nebenarmen baden und fröhlich winken. Männer mit Bündeln von Brennholz kommen aus dem Dickicht des Waldes zurück und schichten die Scheite neben einfachen Feuerstellen am Fuß der Hütten auf. Immer wieder muss der Bus Hühnern, schwarzen Hängebauchschweinen und Wasserbüffeln ausweichen, die auf der Piste entlang trotten. Nach mehreren Stunden auf den harten Holzpritschen sehne ich mich danach, meine Beine ausstrecken zu können. So langsam wird die Fahrt zur Qual, da unterwegs immer mehr Personen zusteigen und auf die schmalen Holzbänke gequetscht werden. Mein Sitzplatz reduziert sich auf ein Minimum, und letztendlich muss ich Arme und Beine fest an mich drücken, da die neben mir sitzenden Passagiere immer dichter aufrücken. Bei nur einem Transportmittel pro Tag zählt Bequemlichkeit nicht allzu viel, stelle ich ernüchtert fest.

Viertausend Inseln

Und dann erreichen wir endlich wieder den Mekong ganz im Süden von Laos, der nur hier auf seiner 4350 Kilometer langen Reise vom tibetischen Hochland bis zur Mündung ins südchinesische Meer eine Breite von 14 Kilometern aufweist. Die Gegend wird „das Reich der viertausend Inseln“ genannt, und während der Trockenzeit tauchen immer neue Inselchen und Sandbänke aus dem Fluss auf. So ist dieser Name wohl auch entstanden; aber wer hat schon all die kleinen und großen Inseln zählen können?

Als ich aus dem Fahrzeug steige, spüre ich meine Beine kaum noch. Ich gehe zum Ufer hinunter und werde mit einem sagenhaften Panorama belohnt. In satten, warmen Farben liegt in etwa vierhundert Metern Entfernung die Insel Don Khong vor mir. Hier möchte ich ein paar Tage bleiben, da ich mich müde und erschöpft fühle. Das bringt das Reisen in Laos so mit sich, doch dafür werde ich mit einem noch vom Tourismus relativ unberührten Land entschädigt. Mit einer kleinen Motorfähre werde ich zusammen mit allen möglichen Gegenständen des täglichen Bedarfs auf die Insel gebracht. Das Wasser des Mekong ist schlammig braun, und von der Reling aus kann ich den Fischern in ihren schmalen, langen Kanus zusehen, die Netze über große Flächen hinweg auswerfen. Das Dynamitfischen wurde von der laotischen Regierung verboten, jedoch ist es – zur großen Gefahr der hier verbreiteten Mekong-Delphine – etwas weiter südlich in bereits kambodschanischen Gewässern immer noch erlaubt.

Don Khong ist mit 15 Kilometern Länge und acht Kilometern Breite die größte unter den Inseln. Die 55 000 Bewohner leben hauptsächlich in und um die zwei Dörfer Muang Khong und Muang Saen. In Muang Khong quartiere ich mich in die idyllische Auberge Sala Done Khong ein. Das Haus auf Pfählen besteht ganz aus dunklem Holz. Bevor ich eintrete, ziehe ich die Schuhe aus. Das Barfußlaufen auf den glatten Holzbohlen empfinde ich als sehr angenehm. Der Aufenthaltsraum ist groß, und vom Rattansofa fällt der Blick direkt auf den Mekong. Der würzige Geruch von Holz umgibt mich, und ich zögere keinen Augenblick, als ich gefragt werde, ob ich bleiben möchte. Mit dem Besitzer kann ich mich auf französisch verständigen, was hier im Süden noch weitverbreitet ist. Auch mein Zimmer ist ganz in dunklem Holz gehalten und gibt mir ein behagliches Gefühl des Wohlbefindens. Wie schön wäre es, hier ein oder zwei Wochen bleiben zu können, doch mein Zeitplan ist dazu viel zu knapp bemessen. So muss ich mit wenigen Tagen zufrieden sein. Die verbringe ich mit Ausschlafen, Lesen und Spaziergängen.

Am Ufer habe ich einen Pavillon mit bequemen Bambusstühlen entdeckt, der zu meinem täglichen Ziel wird. Von hier aus beobachte ich das Leben am und auf dem Fluss, lese und schreibe. Ein schmutziger, braunweißer Hund mit einem dunklen und einem hellen Auge leistet mir vom ersten Tag an Gesellschaft. Meistens bleibe ich, bis es dunkel wird, und wenn ich zurückgehe, begleitet mich mein vierbeiniger Freund bis zu meinem Domizil. So geht das jeden Tag, und ich gewöhne mich an den treuen Kameraden. In einer einfachen Bretterbude esse ich meine tägliche Nudelsuppe und fühle mich als einziger Tourist sehr wohl. Die Abende sind kurz, und ich gehe früh schlafen. Das Neonlicht zieht viel zu viele Mücken, Moskitos und Spinnen an, um in Ruhe lesen zu können.

In Bangkok hatte ich einen Krimi von Sidney Sheldon gegen *The world of Suzie Wong* eingetauscht. Die Erzählung über das Leben eines Barmädchens im Hongkong der fünfziger Jahre gehört immer noch zu den klassischen Romanen unter Asienfans, und ich genieße den leichten Erzählstil und die detaillierten Beschreibungen des Autors Richard Mason, zumal ich selbst Hongkong gut kenne.

Beim Abendessen in einem nahen Lokal lerne ich den Wiener Gottfried und den Franzosen Joseph kennen. Beide können unterschiedlicher nicht sein. Gottfried scheint direkt der *Flower Power*-Bewegung entsprungen, während der 60-jährige Joseph eher einem in die Jahre gekommenen Fremdenlegionär ähnelt. Im weiteren Verlauf des Gespräches gibt er sich jedoch als pensionierter Mathematiklehrer zu erkennen, der nun im Ruhestand endlich seinen Hang zu Abenteuerreisen nachgehen kann.

Mittlerweile hat es auch der einzige Japaner aus dem Bus bis zur Insel Khong geschafft und setzt sich zu uns. Während Joseph, der seine Kindheit und Jugend in Algerien verbracht hat, vom aufregenden Leben seiner Familienmitglieder erzählt, reden Gottfried und der Japaner kaum ein Wort. Zu später Stunde erscheint eine weitere Busbekanntschaft: Werner, ein deutscher Bundeswehrpilot, der, 45-jährig, seinen Ruhestand und die damit verbundene finanzielle Sicherheit eines Beamten genießt und sich seit einigen Jahren durch die Welt treiben lässt. Auch er zeichnet sich durch eine sehr eigene Persönlichkeit aus. Im krassen Gegensatz zueinander stehen sein zum Teil eher strenges Auftreten und die unaufhörliche Suche nach buddhistischer Erleuchtung und Erkenntnis aller Dinge. Der Abend in diesem Lokal endet erst, als die Stromzufuhr zur Neige geht und die spärliche Beleuchtung erlischt. Jeder tritt nun mit der unentbehrlichen Taschenlampe den Heimweg an.

Am nächsten Morgen treffe ich sie alle wieder im Bus – einem umgebauten LKW – zurück nach Pakse. Mit Werner will ich mir noch die Ruine der Khmer-Tempelanlage Wat Phu ansehen. Dazu steigen wir kurz vor Pakse an einer staubigen Straßenkreuzung aus und warten auf eine Mitfahrgelegenheit.

„Viel Spaß!“, ruft uns Joseph ironisch hinterher, denn er hatte für diesen Abstecher einen ganzen Tag benötigt.

Tatsächlich ist das Glück Werner und mir hold, denn nach nur zehn Minuten nimmt uns eine thailändische Familie auf der Ladefläche ihres Fahrzeuges mit. Genau wie wir wollen auch sie zum Tempel und danach zurück nach Pakse. Freundlich werden wir zur gesamten Fahrt eingeladen. Im ersten Moment können wir die Problemlosigkeit unserer Tour kaum fassen.

Der Fahrtwind auf der Ladefläche bringt uns in die Realität zurück und wirkt angenehm erfrischend. Mit einer Autofähre wird der Mekong überquert. Wasserbüffel schwimmen gemächlich neben uns her. Aus dem trüben Wasser ragen lediglich Augen, Nase und Hörner. Durch ihr kraftvolles Ausatmen tänzeln Wasserfontänen über die Oberfläche und ergeben ein bizarres Bild.

Am anderen Ufer liegt die alte Königshauptstadt Champasak. Ein verschlafenes, staubiges Provinznest, dessen heruntergekommene Bauten im französischen Kolonialstil nur noch ein Abglanz ihrer selbst sind. Ganze acht Kilometer trennen uns nun von Wat Phu.

Als wir ankommen, bin ich fast ein wenig enttäuscht. Halb zerfallen liegt die Tempelanlage an den Hängen eines Hügels, den die hinduistischen Khmer aus Angkor zwischen dem zehnten und 13. Jahrhundert als Standort gewählt haben. Die Stätte ist in je einen unteren und einen oberen Bereich unterteilt. Als Verbindung dient eine ausgebaute, an manchen Stellen bereits zerstörte Steintreppe. Zwei Palastruinen an einem Teich, der für rituelle Waschungen benutzt wurde, machen den unteren Teil aus. Der obere hingegen besteht aus dem eigentlichen Tempelheiligtum, das sowohl hinduistische wie auch buddhistische Skulpturen enthält. Nach seiner Zeit als Hindu-Heiligtum wurde Wat Phu in einen buddhistischen Tempel umgewandelt. Außer uns gibt es noch weitere Touristen, die den Tempel zum Tagesziel erkoren haben. Der Aufstieg über hunderte von unterschiedlichen Stufen ist beschwerlich und geht in die Knochen. Nicht nur die Hitze erschöpft, sondern auch die sorgfältige Abwägung jeden Schrittes.

Doch beim Abendessen in Pakse sind die Strapazen des Tages schnell vergessen. Gottfried und Joseph zeigen sich überrascht. So schnell hatten sie uns nicht zurück erwartet. Am nächsten Morgen trennen sich unsere Wege. Sechs Stunden verbringe ich im Bus zurück nach Savannakhet. Diesmal ist es kein umgebauter LKW, sondern endlich wieder ein Bus mit einigermaßen bequemen Sitzen. Doch die Piste ist wieder so holprig und vom Regen aufgeweicht, dass auch die angenehmsten Sitze meine Rückenschmerzen nicht lindern können.

Gegen Abend komme ich in Savannakhet an und verbringe die Nacht wieder im altbekannten Hotel. Meine Bettstatt ist wie Holz, und am nächsten Morgen schmerzt mein Rücken noch viel mehr. Angesichts ein paar entspannender Tage in Vientiane entschließe ich mich für die Mammuttour. Nachdem ich auf der vietnamesischen Botschaft mein Visum erhalten habe, winke ich ein *Tuk Tuk* herbei und lasse mich zum Busbahnhof bringen. Hier nehme ich den nächsten Bus nach Vientiane. In glühender Mittagshitze geht es los. Zum Glück sind auch hier die Sitze einigermaßen weich gepolstert. Allerdings ist der Fahrzeugboden so mit LKW-Batterien ausgefüllt, dass jeder auf ihnen herumtrampeln muss, um zu den Sitzen oder Türen zu gelangen. Ein weiteres, ganz besonders charmantes Merkmal sind die pinkfarbenen Polyestervorhänge, die in Rüschenform an den Fenstern und an der Windschutzscheibe angebracht sind. Diesmal verläuft die zwölfstündige Fahrt recht problemlos und ohne erwähnenswerte Vorkommnisse.

In der Stadt des Mondes

Bei Nacht erreichen wir wieder die Hauptstadt Vientiane. Die Straßen sind wie ausgestorben, nur in einigen Trinkbuden am Mekong sitzen noch ein paar Männer vor ihren Lao-Bieren und spielen Karten. Ich bekomme ein preiswertes kleines und sauberes Zimmer im chinesischen Hua Guo-Gasthaus und leiste mir den Luxus einer Klimaanlage. Bei angenehmer Kühle kann ich endlich wieder einmal bis in die Vormittagsstunden des nächsten Tages durchschlafen.

Nach der Hektik und den Verkehrsstaus von Bangkok wirkt Vientiane sehr verschlafen. Noch bis Mitte der achtziger Jahre waren es nur russische und chinesische Fahrzeuge, die neben Fahrrädern und vereinzelten Mopeds die Straßen bevölkerten. Erstaunt bin ich über die Vielzahl der französischen und japanischen Autos auf den nur spärlich asphaltierten Straßen. Nagelneue und auf Hochglanz polierte Jeeps lassen einen gewissen Wohlstand unter der jungen *noveau riche* erkennen. Doch neben diesen Zeichen des neuen laotischen Wirtschaftswunders gibt es immer noch die altbewährten *Tuk Tuk*, die, vollgestopft mit Menschen, Tüten, Hühnern und Säcken voller Reis, vom Morgenmarkt kommen, um in den Dörfern rund um der Hauptstadt ihre Passagiere abzuliefern. Gemächlich treten *Samlor*-Fahrer in die Pedalen der Fahrradtaxis, um auch ihre Kunden ans Ziel zu bringen, eben nur langsamer und billiger.

Ganze Familien sitzen dicht gedrängt auf der schmalen Sitzbank eines Mopeds: Der Vater fährt, vor ihm auf dem Tank sein Kind, das sich mit beiden Händen auf die Lenkgabel stützt, dahinter die Frau im Damensitz mit dem Baby auf dem Schoß. Rasant werden Kurven, Schlaglöcher und achtlose Fußgänger umfahren. Unwillkürlich muss ich an die strikten Regeln des deutschen Straßenverkehrs mit seinen Punkten, Strafzetteln und Kindersitzen denken.

Für den Rest des Tages miete ich mir einen *Samlor* samt Fahrer. Die Fahrrad-Rikscha ist auch heute noch das Hauptverkehrsmittel in den Städten von Laos. Mein Fahrer Vingh spricht gut französisch und erzählt mir stolz, dass er in den sechziger Jahren einer der Anführer des *Pathet Lao*, der kommunistischen Befreiungsbewegung von Laos, war. Danach arbeitete er als Farmer im Süden, um seine Frau mit den mittlerweile fünf kleinen Kindern besser versorgen zu können. Die Politik fasziniert ihn auch heute noch, doch weiß er als immer noch überzeugter Kommunist nicht so recht, was die neue Marktwirtschaft Laos tatsächlich bringen wird. Zumindest verdient er jetzt als *Samlor*-Fahrer in Vientiane das Fünffache von dem, was er als Farmer hatte.

„Abgesehen von der Politik bin ich mit meinem Leben zufrieden", zieht Vingh Bilanz.

Ich bleibe drei Tage in Vientiane, genieße europäisches Essen, Frühstück in der Scandinavian Bakery und lange Abende am Springbrunnen, der Hauptattraktion des Nachtlebens. Im Hotel lerne ich die Irin Helen kennen, die wie ich in den Norden möchte.

„Von Phonsavan in der Ebene der Tonkrüge aus geht ein Direktflug nach Luang Prabang", informiert sie mich.

Genau da möchte ich hin. Gemeinsam buchen wir bei Lao Aviation unsere Flüge und ersparen uns so tagelange, strapaziöse und gefährliche Busfahrten. Nach einem heftigen Regenguss verbringe ich den dritten Nachmittag in der Stille eines Wats – einer Klosteranlage. Ganz zufällig treffe ich hier Werner wieder, der auf den Steinstufen neben einem Buddha in seinem Reiseführer schmökert.

„Das darf doch nicht wahr sein!", ruft er überrascht aus, als er mich bemerkt.

Nach der ersten Wiedersehensfreude erzähle ich ihm von meinen Plänen. Letztendlich habe ich ihn wieder als Reisegefährten, denn genau die gleichen Ziele hat Werner auch.

„Ist das etwa die Allerweltsroute?", frage ich scherzend.

Tatsächlich gehen seine doch sehr kurzfristigen Flugreservierungen in Ordnung, und schon sind wir zu dritt auf dem Weg nach Norden. Eigentlich wollte ich die zweite Etappe meiner Laosreise mit neuen und unbekannten Leuten beginnen, doch nach und nach legen sich meine Zweifel, und ich freue mich über die bereits bewährte Reisebegleitung.

Gegen Abend lasse ich mich von einem *Samlor* zum Wat Sok Pa Luang, einem Waldkloster, bringen. Es ist bekannt für seine Kräutersauna und wohltuenden Massagen. Und tatsächlich hat der abkühlende Regenguss einen Touristen und mehrere Laoten in die Abgeschiedenheit des Wats gelockt. Auf Pfählen mitten im Wald finde ich eine rustikale Holzkabine mit der Aufschrift „Herbal Sauna". Im offenen Vorraum stehen zwei Holzpritschen mit Bastmatten und ein kleiner Tisch, auf dem ein dampfender Blechkessel mit chinesischem Tee steht. Einen Stock tiefer befindet sich ein großer alter Ofen, der durch ein Rohr mit der Kabine verbunden ist.

Die lodernden Flammen werden immer wieder durch große Holzscheite angefacht, die aus dem Wald auf einem Leiterwagen herangekarrt werden. Eine Zeitlang sitze ich auf der Holzpritsche, trinke Tee und atme die wohlriechenden Kräuterdämpfe ein, die aus der Sauna zu mir herüber dringen. Die Saunagäste, Frauen wie Männer, tragen lange Tücher um den Körper gewickelt und benutzen die Sauna gemeinsam. Dabei bleiben die Tücher an.

Anstatt der Sauna entscheide ich mich für die fast einstündige Massage auf einer der Holzpritschen. Währenddessen kann ich das Alltagsleben im Wat beobachten, denn in den umliegenden Pfahlhütten leben weißgekleidete und kahl geschorene Novizinnen. Da die Hütten nach zwei Seiten hin offen sind, habe ich einen guten Einblick. Die eine fegt mit einem Strohbesen den Boden, während eine andere einen Topf mit Reis auf die Feuerstelle setzt. Wasser wird mit zwei großen Eimern aus dem nahen Brunnen geholt, an dem eine noch sehr junge Novizin sitzt und Geschirr wäscht. Alles ist sehr friedlich hier, und bis auf das Vogelgezwitscher ist kaum ein Laut zu hören. Sämtliche Bewohner des Wats scheinen fröhlich und zufrieden zu sein. Sie lachen und winken den Besuchern der Sauna zu. Immer wieder wird frischer Tee nach oben gebracht, und im Anschluss an meine Massage trinke auch ich noch eine große Tasse davon.

Nach meiner Erfahrung mit laotischer Sauna und Massage lasse ich mich zum Hotel zurückbringen. Den Abend verbringe ich mit Werner. Zuerst gehen wir Abendessen, diesmal vegetarisch, und sitzen dann am beleuchteten Springbrunnen bei *Wodka-Orange* mit Eis. Am nächsten Vormittag fahre ich mit Helen und ihm im *Tuk Tuk* zum Flughafen. Zwei einfache, blau angemalte Abfertigungshallen kennzeichnen den Flughafen der Hauptstadt. Die Einrichtung der Abflughalle ist äußerst spartanisch: Plastikstühle, wacklige Tische und ein Brett, hinter dem drei Mädchen sitzen und trockene Baguettes verkaufen. Dann – mit zweistündiger Verspätung – erscheint die Y 12-Turbopropmaschine eines russischen Antonowfliegers, jedoch chinesischer Bauart, auf dem Rollfeld.

Zwischen landenden und startenden Fliegern hindurch eilen wir zur Gangway und genießen unter den 17 Plätzen freie Sitzwahl. Ich lasse mich am Fenster nieder und habe einen ausgezeichneten Blick auf die hohen Berge, zerklüfteten Karst-Formationen und grünen Täler.

Rätsel der Vergangenheit

Wir fliegen nach Phonsavan in der Provinz Xieng Khwang im Nordosten des Landes. Beim Landeanflug sehe ich auf die vielen kahlen Bombenkrater, in denen nicht einmal mehr Unkraut gedeiht. Xieng Khwang gehört zu den Provinzen des Nordens, die von den Amerikanern am meisten verwüstet wurden. Buchstäblich jede Stadt und jedes Dorf wurden irgendwann zwischen 1964 und 1973 bombardiert. Während des Indochinakrieges überflogen US-Bomber von ihren Luftwaffenstützpunkten in Thailand aus den Osten und Nordosten von Laos, um zu ihren Sprengstoffeinsätzen nach Nordvietnam und entlang des Ho Chi Minh-Pfades zu gelangen. Die Hochburgen des *Pathet Lao* wurden in geheimer Mission mit wahren Bombenteppichen überzogen. Angeblich sollen die Amerikaner auch ohne konkrete Ziele die Bombenschächte ihrer B-52er über zivile Zentren in Ostlaos geleert haben, als sie von ihren Einsätzen in Vietnam zurückkehrten.

Tatsächlich wurden mehr US-Bomben über Laos abgeworfen als weltweit während des ganzen Zweiten Weltkrieges. Das Land wurde damit die im Verhältnis zur Einwohnerzahl am stärksten bombardierte Nation in der Kriegsgeschichte.

Ich frage mich, wie es möglich ist, dass die meisten Laoten trotz dieser Vergangenheit aufgeschlossen und freundlich gegenüber den Besuchern ihres Landes sein können. Fast in jede Familie hat doch der Krieg Trauer und Elend gebracht. Verständlich wäre eher ein immenser Hass auf alles Westliche. Gewiss hat besonders hier die Bewältigung der Vergangenheit auch viel mit den Prinzipien des Buddhismus zu tun, die sich stark mit der Überwindung des Leids befassen.

Durch die harte Landung in Phonsavan werde ich aus meinen Gedanken gerissen. Noch einmal hüpft der Flieger in die Luft, bevor er auf dem Rollfeld endlich zum Stehen kommt. Das Flughafengebäude besteht aus einer Holzhütte, in der wir die Einreiseformalitäten erledigen müssen. Hier im Norden gibt es unzählige An- und Abreisestempel, die auf einem Blatt Papier festgehalten werden. Ich verstehe die aufwendige Prozedur nicht. Aber vielleicht ist es eine Art von laotischer Bürokratie, für die es einfach keine Erklärung gibt. Und jeder Stempel kostet ein geringes Entgelt! Ein Zimmervermittler fährt uns in seinem grünen Armee-Jeep in den Ort. Mittlerweile sind wir fünf Touristen, und das Geschäft scheint recht lukrativ zu sein.

Phonsavan erscheint uns auf den ersten Blick als ein verlassenes Provinznest. Erstaunlicherweise sieht man ab und zu neben Bretterbuden und Kriegsschrott recht schmucke Wohnhäuser. Der Ort scheint doch nicht so arm zu sein wie er anfangs gewirkt hat. Der Metallschrott – Bombenteile oder Überreste von chinesischen, russischen und amerikanischen Flugzeugen – wird gesammelt und dann an größere Unternehmen in Vientiane verkauft, die ihn einschmelzen und zu Alltagsgegenständen weiterverarbeiten. Aus Bombenschrott entstehen so zum Beispiel Löffel, Gabeln und Messer. Während eines Spazierganges fallen mir Bombengehäuse auf, die die Einheimischen als Pfeiler für Gebäude oder Zaunpfähle verwenden.

Mit Helen teile ich mir ein Zimmer im kleinen, einfachen Hayhin-Hotel. Stolz zeigt uns die Besitzerin einen Bildband über Laos, auf dessen Titelseite sie und ihr Mann in feinster Sonntagstracht vor dem Gebäude stehen. Das Titelbild und die übrigen Fotos sind sehr stimmungsvoll in schwarzweiß gehalten. Dann blättert sie um und verweist nicht minder stolz auf die Widmung der Fotografen. Sie ist in Englisch und ich bezweifle, ob sie jemals verstanden wurde, nachdem jeder vom Hotel nur Lao spricht.

Helen hat Magenprobleme und bleibt für den Rest des Tages im Bett.

„Sicher wegen dem Baguette mit Pastete, das ich noch in Vientiane gegessen habe“, vermutet sie.

Der nächste Tag gehört der Ebene der Tonkrüge. Genau genommen sind es jedoch drei Ebenen. Mittlerweile sind wir zu siebt, und die Kosten für einen Minibus mit Fahrer und Führer für den einzelnen nicht allzu hoch. Helen fühlt sich immer noch nicht besser und verbringt einen Großteil der Fahrt flach liegend auf der Rücksitzbank im Bus.

Wir besuchen alle drei Ebenen. Inmitten großer, unerschlossener Gebiete liegen riesige Krüge unbekannter Herkunft. Dazwischen tun sich immer wieder Bombenkrater auf, die aussehen, als ob riesige Mäuler die Erde verschluckt hätten. Trotzdem wirkt die satte, grüne Landschaft unendlich friedlich. Lange laufe ich zwischen den einzelnen Krügen umher und denke über ihre Entstehung nach. Sie haben ein Gewicht von durchschnittlich 600 Kilogramm bis zu einer Tonne. Das größte Gefäß bringt es sogar auf sechs Tonnen. Über ihre Funktion sind die unterschiedlichsten Theorien entwickelt worden. Entweder sollen sie im sechsten Jahrhundert als Sarkophage oder zur Gärung von Reiswein und Lagern von Reis gedient haben. Doch Genaueres lässt sich nicht sagen, und die Unkenntnis über die Vergangenheit trägt nur noch mehr zu ihrer Mythisierung bei. Anschließend besuchen wir ein Hmong-Dorf. Die Bewohner leben von der Landwirtschaft und dem Opiumanbau. Die Häuser sind aus Holz, Bambus und Bast gefertigt. Erneut fallen mir Umzäunungen aus dem Metall abgeschossener Kriegsbomber auf.

Im hinteren Teil des Dorfes dienen an einem Teich vier Bombengehäuse als Stützpfeiler für eine einfache Steinmühle. Kurzbeinige schwarze Schweine kreuzen unseren Weg. Ihr Hals ist in ein dreieckiges Holzgestell gepreßt, dessen untere waagrechte Stange außergewöhnlich lang ist. Sung, ein Junge aus dem Dorf, spricht sehr gut englisch.

„Damit gelangen die Schweine nicht durch die Zäune der Gemüsebeete", erklärt er.

Es mag zwar sinnvoll sein, doch ich empfinde es als Tierquälerei. Sung stellt uns seinen Onkel vor, der auf dem Boden vor der Hütte sitzt und an einem Stück Holz schnitzt. Sein Körper besteht nur noch aus Haut und Knochen, und die Hautfarbe ist ungewöhnlich gelb. Er wirkt wie ein Greis, doch Sung weist uns darauf hin, dass er erst 45 Jahre alt sei, doch zuviel Opium hätten seinen Geist und Körper kaputt gemacht. Zwar redet man nicht darüber, aber unter den Angehörigen verschiedener Bergstämme gibt es einen hohen Anteil an Opiumsüchtigen, die von der Dorfgemeinschaft versorgt werden müssen. Wie eben auch Sungs Onkel.

Ich frage Sung, wo er so gut Englisch gelernt habe. Zögernd erwidert er, dass er erst seit einem Jahr wieder im Dorf leben würde. Vorher hätte er für ein paar Jahre die Universität in Vientiane besucht und dort Englisch gelernt. Sein Studium konnte er nicht beenden, da sein Vater beim Bestellen eines Ackers auf eine Miene getreten sei. Man fand ihn erst am nächsten Morgen – verblutet, da er in der unwirtlichen Gegend allein unterwegs war. Sungs Mutter ist krank, und so kam er zurück, um für den Unterhalt der Familie zu sorgen.

„Die Zeit in der Stadt hat mir gefallen, doch hier werde ich mehr gebraucht", sagt der junge Mann ohne ein Anzeichen von Verbitterung.

Am Abend sitzen alle Teilnehmer der Fahrt bei Nudelsuppe in einem einfachen Restaurant zusammen und diskutieren die Ereignisse des Tages. Viel mehr Touristen außer uns gibt es nicht im Ort, und wir stimmen darin überein, dass die unvermeidbare Zunahme des Touristenstroms in den nächsten Jahren sicher auch Phonsavan erfassen wird. Werden dann die Menschen der Bergstämme noch genauso offen und freundlich auf Fremde zugehen wie jetzt? Oder wird dann etwa – wie im Norden von Thailand schon jetzt – für jedes Foto mindestens ein Dollar verlangt werden?

Luang Prabang – die Perle am Mekong

Nach einem weiteren Tag in Phonsavan, den jeder auf seine Weise mit Lesen, Schreiben oder Spazierengehen verbringt, steigen wir wieder in den kleinen Flieger. Diesmal heißt unser Ziel Luang Prabang, nordwestlich von Phonsavan. Da dieser Flug nur an bestimmten Tagen möglich ist, überrascht es mich nicht, am kleinen Flughafen auf bekannte Gesichter zu treffen. Nur 30 Minuten sind es bis Luang Prabang. Helen geht es besser, doch mittlerweile hat es mich mit Magenproblemen erwischt. So kann ich die Schönheit der Landschaft unter mir und den Anflug auf die alte Hauptstadt am Mekong gar nicht recht genießen. Nach dem erfrischenden Klima von Phonsavan ist es hier wieder sehr heiß. Ich bin zu müde und erschöpft, um mich an den Diskussionen um die Wahl des Hotels zu beteiligen. So schließe ich mich einfach der Entscheidung von Helen und Werner an.

Zahlreiche *Tuk Tuk* warten vor der einfachen Flughafenbaracke, und eines von ihnen bringt uns zum Gasthaus Vannida. Es stellt sich uns als eine etwas herunter gekommene weiße Villa im französischen Kolonialstil mit verwilderten tropischen Garten dar. Das Haus gefällt mir auf Anhieb, und die Innenhalle mit ihren vergilbten Bildern an den Wänden und den dunklen Holzmöbeln vermittelt ein Gefühl von kolonialer Extravaganz. Helen und ich teilen uns ein großes Zimmer mit einem grünen, knatternden Riesenventilator an der hohen Decke, Rattanmöbel und einem Fenster zum grünen Garten hinaus. Ich denke daran, wie gerne ich hier einfach bleiben und die Zeit vergessen würde. Mittlerweile geht es mir ziemlich schlecht, und nach einem missglückten Versuch, mit Helen und Werner in ein Café zu gehen, verbringe ich den Rest des Tages im Bett.

Mitten in der Nacht wache ich durch ein trippelndes Geräusch auf. Ich taste mich zum Lichtschalter und kann im hellen Licht gerade noch eine Maus – oder war es eine Ratte? – durch den Spalt der Zimmertür nach draußen schlüpfen sehen. Auch in den kommenden Nächten bleibt sie unser Gast und besitzt zudem die Dreistigkeit, eine auf Helens Nachttisch liegende Banane anzuknabbern. Fortan werden Lebensmittel in Plastiktüten verpackt und in für Mäuse unerreichbare Höhen gehängt!

An den folgenden Tagen geht es mir wieder besser. Trotzdem unternehme ich nicht allzu viel, sondern genieße einfach nur die idyllische Atmosphäre dieser malerischen Stadt am Mekong. Mit einem *Tuk Tuk* fahren wir über die umliegenden Dörfer zu einem Wasserfall. Das, was uns dort erwartet, übertrifft all unsere Vorstellungen. Inmitten von tropischen Farnen und Blumen finden wir zwei türkisfarbene natürliche Pools. Das höher gelegene Becken wird auf einer Seite von bizarren Felsen gesäumt, von denen das Wasser sprudelnd herunter fließt. Die Wurzeln benachbarter hoher Bäume haben sich den Formationen der Felsen angepasst und wirken wie skurille Gebilde auf dem nassen Gestein. Wir baden und vergessen die Zeit. Erst als die Sonne ihren Rückzug ankündigt, tuckern wir nach Luang Prabang zurück.

Es ist mein letzter Abend, und morgen trennen sich unweigerlich unsere Wege. Ich werde allein nach Vientiane zurückfliegen. Helen will sich per Boot den Mekong hinauf Richtung Thailand wagen, während Werner die Fahrt an die chinesische Grenze antreten wird. Mein nächstes Ziel ist Vietnam.

Zum Abschied werden Helen und ich von Werner ins beste Restaurant der Stadt eingeladen. Die Villa de la Princesse ist geschmackvoll eingerichtet, und das Tiefbraun der Möbel wirkt als Kontrast zu den weißen Mauern einfach traumhaft schön. Wir tafeln auf dem Balkon, schwelgen in vergangenen Reiseerinnerungen und genießen eine Flasche Bordeaux. Hier in den Tropen habe ich den Geschmack von Wein schon fast vergessen. Umso mehr genieße ich nun den edlen Tropfen.

Und dann ist die Stunde der Trennung plötzlich da. Irgendwie werden wir alle etwas sentimental, obwohl sich jeder schon erwartungsvoll auf seine neuen Reiseziele freut. Mit Helen habe ich zwar nur die letzten Tage verbracht, doch das durch unser gemeinsames Unwohlsein ausgedrückte Mitgefühl hat unser Zusammensein zweifelsohne intensiviert. Und mit Werner habe ich – zwar mit Unterbrechungen – doch immerhin über einige Wochen die gleiche Reiseroute geteilt. Gemeinsam erlebten wir Unwetter, unbequeme Busse, Pannen, unterhaltsame Abende und die selben Reisebekanntschaften. Vom Manager des Vannida werde ich im Auto zum Flughafen gefahren. Diesmal ist das Flugzeug größer. Wieder dauert die Flugzeit nicht mehr als 40 Minuten. Unter mir schlängeln sich Pfade und enge Straßen durch Täler und über Bergkämme. Die Fahrzeit mit dem Bus nach Vientiane soll 14 Stunden betragen – es können aber auch mehr werden. Die Gebirgsregionen sollen immer noch von Rebellen kontrolliert werden, die Busse und LKW überfallen. Ist es vielleicht doch mehr als ein Gerücht, dass LKW-Fahrer zu ihrer Sicherheit Maschinengewehre und Handgranaten mitführen?

Beim Landeanflug auf Vientiane sehe ich die Umgebung des Flughafens: Reisfelder! Wie wird dieser Flughafen wohl in einigen Jahren aussehen? Werden immer noch die Reisfelder existieren? Ich bezweifle es. Vor dem Flughafengebäude steige ich in ein *Tuk Tuk*. Erstaunlicherweise muss ich nicht lange um den Preis feilschen. Ich lasse mich zum altbewährten

Hua Guo-Gasthaus bringen und kann wieder im gleichen Zimmer logieren. Jetzt weiß ich auch, warum die Fahrt so billig war. Erst wundere ich mich, dass der Fahrer vor dem Haus wartet, bis ich im Obergeschoss verschwunden bin. Ich halte inne und blicke den Treppenaufgang hinunter. Langsam geht die Tür auf, und ich höre den Fahrer mit dem Besitzer verhandeln. Schlagartig wird mir klar, dass die Kommission, die der Fahrer verlangt, nachdem er mich angeblich überzeugt hat, hier zu übernachten, höher ist als das bisschen Mehr des Fahrpreises.

Meinen letzten Sonnenuntergang in Laos´ Hauptstadt verbringe ich wie meinen ersten in dem kleinen, offenen Restaurant am Mekong. Bis spät in die Nacht hinein sitze ich dann noch am beleuchteten Springbrunnen und schreibe Postkarten. Ich freue mich schon auf das nächste Ziel meiner Reise: Vietnam.

Vietnam – ein Land mit vielen Fragezeichen

Ich bin der vorletzte Passagier, der am nächsten Mittag in den Flieger nach Hanoi steigt. Wie oft schon habe ich mir vorgenommen, pünktlich am Flughafen zu sein. Doch noch nie habe ich es geschafft, tatsächlich einmal einen Flug zu verpassen. Vielleicht erklärt dies auch meine Nachlässigkeit hinsichtlich Flugplänen. Es herrscht freie Sitzwahl, und ich lasse mich in der ersten Reihe nieder. Die Stewardessen von Vietnam Airlines tragen traditionelle *Ao Dais* in Hellrosa, bestehend aus Hosen und bis zur Taille geschlitzten Tunikas. Sie servieren eisgekühlte Erfrischungstücher.

Die Ausstattung um mich herum ähnelt der eines gutbürgerlichen Wohnzimmers aus den fünfziger Jahren: Orangegelbe Sitzbezüge, gemusterte Tapeten an den Innenwänden und zwei mittelbraune einfache Holzschränkchen direkt vor mir. Als beeindruckender Kontrast erscheint mir das moderne Hochglanz-Flugmagazin mit recht ansprechenden Berichten über Land und Leute, das in einem Fach des linken kleinen Schränkchens in Reichweite liegt.

Erst nach der Ankunft in Hanoi lese ich in meinem Reiseführer, dass aus Gründen mangelnder Sicherheitsvorkehrungen dringend von Flügen mit Vietnam Airlines abgeraten wird. So habe ich wohl noch einmal Glück gehabt!

Nach nur 50 Minuten befinde ich mich im Landeanflug auf Hanoi. Was mir sofort auffällt, sind neben den unzähligen Bombenkratern rings um den Flughafen herum Häuser mit rotbraunen Ziegeldächern. Nach den Wellblech- und Strohdächern in Laos wirken sie im ersten Moment auf mich recht ungewöhnlich. Das Flughafengebäude von Hanoi ist moderner als das von Vientiane und funktionell und zweckmäßig eingerichtet.

Hanoi – Hauptstadt im Norden

Draußen regnet es in Strömen. Vor dem nun auch hier beginnenden Monsunregen hat man mich schon gewarnt, und ich überlege mir, ob der

Kauf eines Regenschirmes oder der eines Plastikcapes sinnvoller ist. Für die Taxifahrt in die 30 Kilometer entfernte Innenstadt schlägt man mir den unverschämten Preis von 15 Dollar vor. Nach hartnäckigem Verhandeln steige ich für fünf Dollar ins Taxi. Die Fahrt entwickelt sich zum unvergesslichen Erlebnis: Ein wirres Durcheinander von Radfahrern, *Cyclos* – so nennt man hier die Fahrrad-Rikschas, Honda-Mopeds und PKW, die sich laut hupend als Könige der Straße präsentieren, kennzeichnet das Straßenbild. Halsbrecherisch, doch geschickt, werden die langsameren Verkehrsteilnehmer erst frech angehupt und dann aus dem Weg gedrängt. Manchmal muss ich die Augen schließen, wenn einem Radfahrer wieder einmal milimeterscharf ausgewichen wird. Die Frauen tragen spitze Palmstrohhüte, während die Männer meist mit militärgrünen Tropenhelmen ausgestattet sind.

Das Dong Xuan-Hotel in der Altstadt wurde mir von Reisenden empfohlen. An einem Straßenmarkt verlasse ich das Taxi. Frauen sitzen in der Hocke auf der Straße, vor sich ein Sammelsurium an Haushaltsartikeln, Gemüse und Obst ausgebreitet. Ich frage mich, wie die Asiaten in ihrem Hocksitz oft stundenlang ausharren können; so, als ob sie bequem auf einem Stuhl sitzen würden. Das Dong Xuan-Hotel wird von einer freundlichen Familie geführt, und ich bekomme ein Zimmer im ersten Stock mit Balkon, von dem aus ich einen ausgezeichneten Blick auf das Marktgeschehen inmitten der verwinkelten Gassen unter mir habe. Allerdings beginnt es schon um fünf Uhr früh, was mir erst am nächsten Morgen bewusst wird, als lautstarkes Feilschen ertönt. Aber in weiser Voraussicht nehme ich auf meinen Reisen immer genügend Ohrenschützer mit.

Den Rest des Nachmittags lasse ich mich ziellos durch die engen Gassen und über die breiten Alleen von Hanoi treiben. Das Leben hier ist anders als in Laos, viel geschäftiger, unruhiger und durch das noch an einigen Stellen vorhandene sozialistische Ambiente auch schwermütiger. Mopeds, Fahrräder und Autos kurven haarscharf an mir vorbei. Von zwei jungen Deutschen erhalte ich den Ratschlag, nie stehenzubleiben, sondern immer langsam und in gleichmäßigem Tempo weiterzulaufen, da die Berechnung der Fahrer aufs Weitergehen fixiert sei. Zumindest so hätte man die Möglichkeit, relativ unbeschadet durch den Straßenverkehr zu gelangen. Die beiden müssen es nach vier Wochen in Vietnam schließlich wissen! Von da an laufe ich immer schnurstracks mit gleichem Tempo durch die Straßen und steuere unbeirrt mein Ziel an. Tatsächlich sind die Fahrer unwahrscheinlich geschickt und mir fallen nur wenige Zusammenstöße auf.

Als es dunkel wird und zu regnen beginnt, lasse ich mich in die weichen Plastiksitze eines Cyclos fallen. Die Sicht wird mir durch eine Plastikplane versperrt, die den Regen abhalten soll. Vielleicht ist es tatsächlich besser, nichts zu sehen und mein Schicksal dem Fahrer zu überlassen, der eifrig in die Pedalen tritt. Sicher erreiche ich schließlich mein Hotel. In der Eingangshalle setze ich mich an einen Tisch, trinke chinesischen grünen Tee und esse kleine, süße Bananen. Beides steht für die Gäste des Hotels kostenlos bereit.

Die nächsten zwei Tage erkunde ich die Stadt und ihre Sehenswürdigkeiten. Lästig und ungewohnt sind die vielen aufdringlichen Straßenhändler, die Postkarten, Bücher und T-Shirts anpreisen. Sie lassen sich nur schwer abschütteln, und nach anfangs freundlichem, aber bestimmten Verhalten meinerseits fange ich an, sie einfach zu ignorieren.

Nach der Stille und Abgeschiedenheit von Laos wirkt das Straßenbild Hanois ungewöhnlich und abwechslungsreich. Immer wieder entdecke ich Neues, und es macht Spaß, die Leute zu beobachten. Von verschiedenen Reisenden wurde mir empfohlen, hier unbedingt das „Wasserpuppentheater“ anzusehen. Am zweiten Abend entscheide ich mich kurzfristig für einen Besuch. Das Ticket bekomme ich an der Abendkasse. Erstaunlicherweise füllt sich das Theater fast bis auf die letzten Plätze. Es sind in der Hauptsache Touristen, die die Aufführung besuchen. Am Anfang werden vietnamesische Volksweisen vorgetragen. Die Musikanten – zwei Männer und zwei Frauen – tragen farbenfrohe Gewänder und ein grelles Make-up. Die Instrumente sind aus Holz und Bambusrohr und erzeugen für meine Begriffe recht eigenartige und ungewöhnliche Laute. Doch die Anmut, mit der die Spieler ihre Instrumente betätigen und das Publikum ansprechen, ist rührend und wird mit heftigem Applaus belohnt.

Die Bühne besteht aus Wasser und soll ein Reisfeld darstellen. Diese Theaterform blickt auf eine lange Tradition zurück. Von Reisbauern ins Leben gerufen, sollte sie deren Freude über eine gelungene Ernte symbolisieren. Improvisierte Aufführungen fanden bei Tageslicht auf den Feldern statt und wurden als „Seele der vietnamesischen Reisfelder“ bezeichnet. Die Akteure stehen hinter einem Vorhang im Wasser und lassen die Figuren durch lange Stöcke, die sich unter der Wasseroberfläche befinden, agieren. Mit unglaublicher Perfektion werden so Fischer, Kinder, Bauern, die Frösche fangen, feuerspeiende Drachen, von einem Fuchs gejagte Enten, tanzende Löwen und stolze Mandarine zum Leben erweckt.

Siebzehn Szenen aus dem Alltag der Landbevölkerung werden an diesem Abend gezeigt. Die einzelnen Bilder sind liebevoll und harmonisch aufeinander abgestimmt. Eineinhalb Stunden lang ist es ungewöhnlich ruhig im Zuschauerraum. Als die Akteure dann hervortreten, bis zum Bauch im Wasser stehend, und uns freundlich zuwinken, löst das einen wahren Begeisterungssturm aus. Es folgt ein lang anhaltender Applaus. Den Theaterabend beschließe ich im Old Darling-Café, wo ich mir eine Portion *Fried Noodles* bestelle. Dann lege ich mich ins Bett, da ich am nächsten Morgen früh raus muss, um dem einbalsamierten Ho Chi Minh einen Besuch abstatten zu können.

Pünktlich um neun Uhr morgens stehe ich – wie Tausende anderer Besucher auch – in der Warteschlange vor dem Mausoleum. Die Menge, einer nach dem anderen im trippelnden Entenschritt, wird von Ehrenwachen begleitet, die streng auf die Einhaltung einer gewissen Etikette achten. Taschen, Kameras sowie Kopfbedeckungen dürfen nicht getragen werden, und auch die Arme gehören weder verschränkt noch in die Hosentaschen.

Im Mausoleum stehen in geringem Abstand weitere Wächter in hochgeschlossenen Uniformen. Der Sarkophag wird von zwei Soldaten flankiert, die, ohne eine Miene zu verziehen, schweigend ihren Dienst verrichten. „Onkel Ho" liegt aufgebahrt in einem schlichten Hemd vor mir und wirkt wie eine gläserne Wachspuppe. Die Haut ist glatt und sehr weiß; er scheint mit sich und der Welt Frieden geschlossen zu haben. Nichts ist mehr vom jahrelangen Kampf für die Verwirklichung seiner kommunistischen Ideale zu sehen. Ich frage mich, ob das tatsächlich der echte Ho Chi Minh ist, da er so unwirklich und künstlich aussieht. Angeregt durch seine Ideologien verbringe ich den weiteren Tag in verschiedenen Museen, die zum Teil sehr heroisch aufgemacht sind. Hier will ich meine Geschichtskenntnisse vertiefen. So langsam fange ich an, mich an Vietnam, die Vietnamesen, das Essen und die neue Währung zu gewöhnen. Ich brauche immer erst eine gewisse Zeit, um mich in ein neues, unbekanntes Land einzufühlen. Diesen Punkt habe ich in Hanoi nach drei Tagen erreicht und stehe nun voll im vietnamesischen Leben – mit all seinen aufdringlichen Händlern, den Gefahren des Straßenverkehrs und der nimmermüden Hektik des Alltags.

Halong Bay – das Reich des Drachens

Die nächsten beiden Tage verbringe ich an der Halong-Bucht, die mit ihren 3000 Inseln zu den größten Naturschönheiten Vietnams gehört. Aus Bequemlichkeit und Gründen der Organisation schließe ich mich einer Tour an. Sie ist unter den Travellern sehr beliebt, da die Zeit effizient genutzt wird und der Preis stimmt.

Am nächsten Morgen holt mich ein Kleinbus am Hotel ab. Die Teilnehmer gehören sämtlichen Altersklassen an, und bald ist das Eis gebrochen. Rege wird erzählt, und ich erfahre, dass zwei ältere Französinnen in den dreißiger Jahren in Vietnam geboren wurden. Ihr Besuch erfolge eher aus sentimentalen Gründen, geben beide unumwunden zu. Die Erinnerung an das Saigon der Kolonialzeit sei jedoch der krasse Gegensatz zum heutigen Stadtbild. Viele der schönen, alten Gebäude mussten modernen Bauten weichen, die so gar nicht zu passen scheinen. Gespannt höre ich den beiden zu, doch bald werde ich selbst die Möglichkeit haben, eigene Eindrücke sammeln zu können.

In der Gruppe lerne ich die Australierin Kim kennen, mit der ich mich auf Anhieb gut verstehe. Als Musikerin lebt und arbeitet sie seit sechs Jahren in verschiedenen Ländern, und durch ihre aufgeschlossene und freundliche Art plaudern wir viel und beschließen, die nächsten Tage gemeinsam zu verbringen.

Gegen Mittag erreichen wir die Halong-Bucht. Von den vielen bizarren Inseln, die vor uns im Meer auftauchen, sind wir so fasziniert, dass keiner ein Wort sagt. Irgendwie kann ich es kaum glauben, dieses Naturwunder mit eigenen Augen zu sehen, nachdem ich es schon auf unzähligen Fotos und in Bildbänden bewundert habe. Jeder hat so seine Wünsche und Träume, bestimmte Länder, Städte oder Gegenden einmal im Leben besuchen zu können, und für mich gehörte schon seit langem die Halong-Bucht zu einem dieser Ziele.

Der Ursprung des Namens „Halong“ passt zur Mystik und Einmaligkeit dieser Gegend. Nach der Legende wurden die Inseln von einem riesigen Drachen, der in den Bergen lebte, geschaffen. Auf dem Weg zur Küste riss er mit seinem umherschlagenden Schwanz Täler und Klüfte ins Land. Als er in das Wasser eintauchte, füllten sich die entstandenen Vertiefungen und nur noch die Spitzen ragen heraus.

Nach dem Mittagessen in einem regelrecht auf Massentourismus getrimmten Restaurant unternehmen wir eine Bootstour. Das aus Holz gefertigte Schiff ist geräumig, und für die 13 Teilnehmer gibt es bequeme Sitzgelegenheiten an Deck. Einige Stunden tuckern wir übers Meer zu immer wieder neuen, aus dem Wasser ragenden Inseln, die von dichter grüner Vegetation bedeckt und mit einsamen Stränden und Höhlen übersät sind. Vor einer dieser Grotten wartet ein einfaches Motorboot, dessen Fahrer uns seine Dienste anbietet. Mit einigen anderen steige ich für kurze Zeit um. Wir fahren in das skurrile Loch hinein. Der Anblick von dem, was dahinter liegt, verschlägt uns fast die Sprache. Ein smaragdgrüner Pool liegt friedlich wie ein See inmitten hoher Felsen. Der einzige Zugang zu ihm ist der durch die Grotte. Die Felshänge sind dicht mit tropischen Farnen bewachsen, und niemand außer uns befindet sich sonst noch hier. Nur das Motorengeräusch des Bootes stört die Stille, doch in der Mitte des Pools halten wir an, so dass einzig noch das Vogelgezwitscher und Grillenzirpen zu hören sind.

Vor der Grotte werden wir in die rauhe Wirklichkeit zurückgeholt. Eine Frau mit spitzem Strohhut paddelt in einem Kanu zu uns herüber und bietet eisgekühlte Cola- und Bierdosen an. Nicht einmal mehr auf dem Meer hat man seine Ruhe vor übereifrigen Händlern! Ich frage mich, wo die Frau wohl herkommen mag inmitten der Einsamkeit des Meeres. Als ich mich umdrehe, sehe ich am Fuß eines Felsens neben dem Eingang eine Art Hausboot, eher eine einfache Dschunke mit einem Aufbau aus Bast, der gleichzeitig als Schlafplatz, Küche und Schutz vor Regen dient. Ich schaue näher hin und plötzlich tauchen drei Kindergesichter hinter dem Bastschutz auf. Nach anfänglichen Zögern winken uns die Kleinen fröhlich zu, umso mehr, als sie sehen, dass ihre Mutter zwei Dosen Cola verkauft hat. Somit ist die nächste Reisportion gesichert! Ich kann mir so ein Leben auf dem Wasser nur schlecht vorstellen. Die ständige Enge und das Auftreten von Stürmen gehören bestimmt nicht zu den angenehmen Seiten des Alltags dieser *Boatpeople*. Vor allem müssen die Kinder rechtzeitig schwimmen lernen – wie schnell kann so ein leichtes Boot Schlagseite bekommen. Ein falscher Tritt und man landet im Wasser. Überhaupt wundere ich mich, mit welcher Akrobatik schon die Kleinen an den Außenseiten der Boote herumturnen.

Nach all diesen Eindrücken schmeckt das Abendessen umso besser. In kleinen Schüsseln und auf verschiedenen Tellern werden vietnamesische Spezialitäten serviert. Man isst mit Stäbchen, und wer es nicht so ganz beherrscht, bekommt einen Löffel. Doch versuchen alle, mehr oder weniger gekonnt, ganz traditionell zu essen. Nur ein älterer Mann greift schließlich völlig desillusioniert zum Löffel, nachdem ihm schon zum dritten Mal der Reis vom Essstab gerutscht ist.

Die Tour hat müde gemacht, und so gehen die meisten recht bald ins Hotel. Ich teile mir das Zimmer mit Johanna, einer Holländerin, die in Kanada lebt und bereits seit zehn Monaten unterwegs ist. Anfangs wirkt sie etwas schroff und abweisend, doch nach und nach lerne ich ihren trockenen Humor und die Art, wie sie die Dinge sieht, zu schätzen. Eine Zeitlang sitzen wir noch auf dem Balkon zusammen, von dem aus man einen schönen Blick über die Bucht hat. Johanna erzählt vom Bergsteigen in Nepal, der unendlich weiten Landschaft Tibets sowie der einmaligen Schönheit Neuseelands, und ich kann der Versuchung nicht widerstehen, bereits an das nächste exotische Reiseziel zu denken.

Eine weitere Bootsfahrt und Klettern in einer Tropfsteinhöhle mit riesigen Stalaktiten bestimmen den nächsten Vormittag. Nach dem Mittagessen fahren wir nach Hanoi zurück. Ich treffe Kim und ihren Bekannten Simon am Abend auf dem Bahnhof. Simon möchte in den nächsten Wochen einen Dokumentarfilm über die ethnischen Minderheiten Nordvietnams und Südchinas drehen. Kim will ihm dabei helfen, und beide nutzen die freie Zeit vor Drehbeginn, um – genau wie ich auch – nach Hue in Zentralvietnam zu reisen.

Nachtexpress nach Hue

Aus Gründen der Bequemlichkeit wählen wir den Zug. Leider sind die Liegesitze ausgebucht, doch der uns angebotene *Softseat* wird wohl ausreichen. Schließlich verspricht der Name mehr, als er halten kann! Ich finde die *Softseats* denkbar unbequem und frage mich, wie die nächsten 15 Stunden wohl am besten zu überstehen sind. Mein Sitz besteht aus einer nicht allzu weichen Fläche und einer Plastiklehne aus geflochtenen Wäscheleinen. Zu allem Unglück ist der Hebel, mit dem man die Rückenlehne verstellen kann, auch noch eingerostet. So versuche ich nun in allen möglichen Positionen – Beine angewinkelt, ausgestreckt, nach oben – etwas Schlaf zu finden. Der Zug ist voll, und der Weg zur Toilette führt mich durch den Waggon mit den *Hardseats*. Na, da habe ich ja noch einmal Glück gehabt, denn diese Passagiere sind noch weniger zu beneiden als ich. Blanke Holzbänke mit fast vertikalen Lehnen dienen wohl eher der Zweckmäßig- als der Bequemlichkeit. Kein Wunder, dass einige Fahrgäste ihre Bastmatten demonstrativ auf dem Boden ausgebreitet haben und in der Mitte des Ganges schlafen. So kommen wir ziemlich gerädert in der ehemaligen Kaiserstadt Hue an.

Mit *Cyclos* lassen wir uns in die Innenstadt zum Thai Binh-Hotel bringen. Nachdem wir uns in ein Drei-Personen-Zimmer einquartiert haben, genießen wir auf der Terrasse ein leichtes Mittagessen. Obwohl ich todmüde bin, schaffe ich es, noch am Nachmittag die ehemalige Kaiserstadt zu besuchen. Die imposanten Wälle, Tempel und Paläste erfordern doch mehr Zeit zur Besichtigung, als ich geglaubt habe. Die Hitze trägt dazu bei, dass ich total erschöpft im Hotel ankomme. Am Abend wird es etwas kühler, und meine Lebensgeister kehren zurück.

Mit Kim und Simon gehe ich ins Lac Thien-Restaurant. Dieser kleine Gourmet-Tempel ist ein Muss und wird in jedem Reiseführer erwähnt. Das Einzigartige besteht darin, dass er von einer taubstummen Familie betrieben wird, die mittlerweile durch die zahlreichen Touristen ein Vermögen gemacht haben muss. In einem einfachen, nach der Straße hin offenen Raum sitzen wir an Holztischen auf farbigen Plastikhockern. An der Wand hängen Bilderrahmen mit internationalen Zeitungsberichten über das Restaurant sowie rührige Erinnerungsfotos. Das Essen hier schmeckt ausgezeichnet. Ich entscheide mich für eine vietnamesische vegetarische Spezialität. Schmackhaft zubereitetes Gemüse, Sojasprossen und Salatblätter werden in dünne Reisfladen gewickelt und in eine würzige Erdnuss-Sauce getunkt. Für zwei Dollar speisen wir wie die Könige. Die Hitze des Tages spülen wir mit chinesischem Bier hinunter und gönnen uns zum Abschluss ein cremiges Kokosnuss-Eis. Tatsächlich ist Eis mehr oder weniger ein Nationalgericht, und ich bin überrascht, wie gut es ist. So wird mein Vietnamaufenthalt jeden Tag von ein bis zwei Portionen Eiscreme gekrönt! Außerdem kostet es nur ein Zehntel des bei uns üblichen Preises.

Am nächsten Tag unternehme ich eine Fahrt auf dem so genannten Parfümfluss. Das schlanke längliche Boot wird von einer Familie mit vier kleinen Kindern im Alter von ein bis zehn Jahren betrieben. Von den größeren Kindern hat jedes seine ihm zugeteilte Aufgabe zu erfüllen. Es muss rechtzeitig Öl für den Motor nachgefüllt, Mittagessen gekocht und das Boot gesteuert werden. Die Selbständigkeit der Kinder verblüfft mich. Wir Touristen sitzen auf Plastikstühlen an den beiden Seiten des Bootes und können so das Leben am und auf dem Fluss gut beobachten. Während in den sattgrünen Reisfeldern am Ufer Bauern mit spitzen hellen Strohhüten junge Reistriebe in die sumpfige Erde setzen, waschen Frauen in der Nähe ihre bunte Wäsche. Nackte Kinder springen ins Wasser und freuen sich über die willkommene Abkühlung.

Dann tuckern wir an kleinen Hausbooten vorbei und bekommen so einen Eindruck vom Alltag ihrer Bewohner. Das Leben spielt sich am Boden auf Bastmatten ab. Die Wohnfläche ist für Betten und Stühle zu klein. Sogar das Geschirr wird neben einem einfachen Holzofen gestapelt, um mehr Platz für andere Dinge zu haben. Unseren ersten Stopp machen wir an der Thien Mu-Pagode, die zu den berühmtesten Bauwerken des Landes gehört. Ihr 21 Meter hoher, achteckiger Turm ist zum inoffiziellen Wahrzeichen von Hue geworden. Hier steht auch das Auto, ein Austin, das den Mönch Thich Quang 1963 nach Saigon brachte, wo er sich aus Protest gegen das südvietnamesische Regime und die entwürdigende Behandlung buddhistischer Mönche öffentlich verbrannte. Das Foto, das ihn brennend im Lotussitz zeigt, ging damals um die Welt.

Zurück auf dem Boot gibt es Mittagessen. Kleine Schälchen und Teller mit verschiedenen Gerichten stehen auf ausgebreiteten Bastmatten. Wir setzen uns auf den Boden, und ich bin überrascht, was für schmackhafte Gerichte in der einfachen Bootsküche zubereitet werden können. Außer der Ältesten schlafen die Kinder hinten im Wohnraum. Das Mädchen serviert die Getränke. Unermüdlich schafft sie neue Dosen mit Cola, Limo und Bier heran. Immer wieder fällt mir auf, wie sehr doch hier die Kinder von einer außergewöhnlichen Geschäftstüchtigkeit geprägt sind. Am Nachmittag besuchen wir einige Kaisergräber. Zwischen 1802 und 1945 erbaut, dienten sie mehr der Selbstdarstellung des jeweiligen Kaisers als der Bevölkerung. Teilweise durch Zwangsarbeit geschaffen, gleichen die Grabanlagen eher stilvoll angelegten Parks mit Teichen, Lotusblüten, Brücken und aufwendig verzierten Pavillons. Die meisten der Anlagen wurden noch zu Lebzeiten der Kaiser entworfen und gebaut und sollten nach deren Tod der Verehrung der ehemaligen Herrscher dienen.

An jedem Eingang erwarten uns Scharen von Händlern, die Postkarten, kalte Getränke, Fächer, Hüte und Süßigkeiten verkaufen. Ich finde sie wieder sehr aufdringlich, da sie einem zwar lächelnd doch bestimmt den Weg verstellen und nicht mehr von der Seite weichen. Zwei kleine Mädchen nehmen mich an der Hand und bitten mich auf englisch, doch etwas vom Stand ihrer Mutter zu kaufen. Auch sie sind außerordentlich hartnäckig, doch ich kann ihnen einfach nicht böse sein. Die Kleinere hat einen altmodischen Hut mit einer Strohblume auf dem Kopf, unter dem ihre dunklen, mandelförmigen Augen spitzbübisch hervorblinzeln. Sie ist sich sehr wohl ihrer entzückenden Ausstrahlung bewusst! Beide Kinder begleiten mich zum Boot, und als ich keine Anstalten mache, etwas zu kaufen, verfinstert sich plötzlich ihr Gesichtsausdruck und sie ziehen sich schmollend zurück. Am späten Nachmittag legen wir wieder in Hue an.

Den Abend verbringe ich mit Kim und Simon erneut im Lac Thien-Restaurant. Wir probieren weitere Spezialitäten. Der nächste Tag beginnt für mich zeitig. Um sechs Uhr werde ich zu einer Tour in die ehemalige entmilitarisierte Zone, kurz DMZ – *Demilitarized Zone* – genannt, abgeholt. Der Abschied von meinen beiden Reisegefährten, die heute mit dem Zug zurück nach Hanoi fahren, ist kurz und schläfrig.

Einige Traveller haben mir von der DMZ-Tour abgeraten, da an einem Tag knapp 400 Kilometer im Minibus zurückgelegt werden. Trotzdem entscheide ich mich für die Fahrt, um mehr über den „Kriegsschauplatz Vietnam“ zu erfahren. Und tatsächlich ist der Tag ausgefüllt mit interessanten

Schilderungen, die unser englischsprachiger Führer informativ und zugleich spannend zu erzählen vermag. Schließlich soll dieser Tag für mich zu einem der interessantesten auf meiner Reise werden.

Wir fahren von der Küste aus nach Westen fast bis zur laotischen Grenze. Die gebirgige Landschaft mit ihrer grünen Vegetation ist einzigartig. Nichts erinnert mehr an die insgesamt 72 Millionen Liter Herbizide, die als Entlaubungsmittel Anfang der siebziger Jahre von den Amerikanern versprüht wurden, um die Stützpunkte der Vietcong zu zerstören. Die Gegend um die DMZ war am stärksten betroffen. Dann erklärt uns der Führer, dass vor dem Krieg die Landschaft von dichtem Dschungel überwuchert war. Jetzt erkenne ich erst den Unterschied. Noch immer scheint sich der Boden nicht von den giftigen Substanzen erholt zu haben. Auf dem ersten Blick lassen sich die ökologischen Auswirkungen des knapp 30 Jahre zurückliegenden Krieges nicht erkennen. Umso wichtiger sind die Informationen unseres Führers, die scheinbar bedeutungslose Bergketten und flache Plateaus plötzlich als tödliche Kriegsschauplätze zeigen, die an Brutalität und Härte kaum zu übertreffen sind.

Rockpile wurde ein 230 Meter in die Höhe ragender Felsturm genannt. Auf dem Gipfel befand sich einst ein Beobachtungsposten der US-Marines und in der Nähe ein US-Stützpunkt mit weitreichenden Artilleriegeschützen. Noch heute sieht man vereinzelt Granathülsen, Munition und Explosionsgeschosse herumliegen. Die mit weißem Phosphor gefüllten Granaten sind auch noch nach Jahren extrem gefährlich, da ihr Inhalt, sobald er mit Luft in Berührung kommt, anfängt zu brennen und sich bei Kontakt mit der Haut durch den Körper frisst. Das bedeutet, dass der Metallschrott, den Einheimische auf ihrer Suche nicht mitgenommen haben, immer noch explosiv sein kann. Arme Bauern graben trotz des hohen Risikos nach Eisenresten, um sie für ein paar Dong verkaufen zu können.

Seit 1975, dem Ende des Krieges in Vietnam, wurden allein in der DMZ und ihrer Umgebung nicht weniger als 5000 Menschen durch Minen verletzt oder getötet. Ich höre den Zahlen zu und kann kaum glauben, dass in dieser scheinbar so unschuldigen und friedvollen Landschaft immer noch Sprengkörper liegen, die verletzen und töten können. Doch mir wird auch bewusst, dass die Vietnamesen heute die Vergangenheit bewältigt und den Hass gegenüber Fremden – besonders den Amerikanern – überwunden haben. Ich kann nicht umhin, diese Menschen zu bewundern, die es geschafft haben, ohne allzu großen Schmerz zurückzublicken und die Geschehnisse als gegeben und unabänderlich anzunehmen. Ich denke, dass sich viele Länder daran ein Beispiel nehmen könnten.

Sabine Ludwig

Wir fahren weiter über die Dakrong-Brücke. Nach Beendigung des Krieges wurde sie mit kubanischer Hilfe gebaut. Die Straße war einst Teil des Ho Chi Minh-Pfads, der von Nord nach Süd führte und auf dem die Vietcong Waffen und Kriegsmaterial als Nachschub für ihre Kameraden im Süden transportierten. Hier errichteten die Amerikaner eine Reihe von Stützpunkten, um das Eindringen feindlicher Truppen und Material zu verhindern.

Einer davon ist die *Khe Sanh Combat Base*, die wir als nächstes besichtigen. Viel ist nicht übriggeblieben; nur ein flaches, kaum bewachsenes Plateau mit rotbrauner Erde und einer langgezogenen Sandpiste, die uns als Landeplatz für US-Flugzeuge und Helikopter erklärt wird. Einst war *Khe Sanh* einer der umstrittendsten Kampfschauplätze des Vietnamkrieges. Nun betrachte ich diese Landschaft mit ihren grünen Hügeln und kann mir nicht vorstellen, dass hier etwa 10 000 Nordvietnamesen und über 500 Amerikaner im Kugel- und Bombenhagel ihr Leben ließen.

Über die baufällige Hien Luong-Brücke gelangen wir zum Ben Hai-Fluss, der von 1954 bis 1975 als Demarkationslinie zwischen Süd- und Nordvietnam diente. Die DMZ umfasste ein Gebiet von jeweils fünf Kilometer auf beiden Seiten des Flusses. Vorbei am langen, einsamen Sandstrand Cua Tung fahren wir weiter nach Vinh Moc. Auch diese Gegend ist von tiefen Bombenkratern gezeichnet, in denen nur spärliche Vegetation wächst. Mehr und mehr säumen Pinien den Weg. Die Aussicht auf den schneeweißen Strand mit dem blaugrünen Meer macht die Vorstellung des einmal geschehenen, blutigen Krieges fast unmöglich.

Die Tunnel von Vinh Moc stellen einen einzigartigen Beweis für die Hartnäckigkeit der Nordvietnamesen dar, mit der sie schließlich den Krieg gegen Südvietnam und die USA gewinnen konnten. Nach einem kurzen Besuch des dazugehörigen Museums und Erläuterungen des Führers kriechen wir – ausgestattet mit Taschenlampen – in die Enge des knapp drei Kilometer langen Tunnelsystems hinein. Die insgesamt zwölf Eingänge sind mit Holzbalken stabilisiert worden und von außen kaum erkennbar. Die Gänge sind schmal, und ich muss mich mit meiner Körpergröße von einem Meter siebzig oft ducken.

1966 begannen die Dorfbewohner, die ständigen Luft- und Artillerieangriffen ausgesetzt waren, mit dem Bau dieses ausgeklügelten Systems. Mit bloßen Händen und primitiven Werkzeugen gruben sie sich in die rote Tonerde hinein und schaufelten nachts den ausgehobenen Boden ins Meer, um so eine Entdeckung aus der Luft zu verhindern. Nach 18 Monaten Schwerstarbeit konnten die 1200 Einwohner des Dorfes unter der Erdoberfläche leben. Nur nachts verließen die Erwachsenen die Anlage, um fischen zu gehen oder auf dem Feld zu arbeiten. Kinder und alte Leute blieben in den Tunneln. 1969 begannen die Menschen wieder, im Dorf zu leben, mussten jedoch von 1972 bis 1973 erneut in den Untergrund zurückkehren.

Wir kriechen weiter in die nur etwas über einen Meter breiten Tunnel hinein. Es gibt drei Abstufungen, die 15 bis 26 Meter unter der Erdoberfläche angelegt wurden. Die unterste Ebene nutzte das Militär. Auf beiden Seiten der Gänge erkenne ich winzige gewölbte Räume, die sogenannten Familienzimmer. Sie dienten jeweils einer Familie als Unterkunft. Weiter gibt es einen Brunnen und einen Entbindungsraum. Darin wurden 17 Kinder zur Welt gebracht. Ein langes schmales Zimmer innerhalb der mittleren Ebene galt als Versammlungsort und konnte bis zu 150 Personen fassen.

Schließlich erfuhren die Amerikaner von dem geheimen, unterirdischen Labyrinth nahe Vinh Moc, konnten es jedoch aus der Luft heraus nicht ausmachen. Amerikanische Bodentruppen drangen deshalb nie in diese Gegend vor. Zwar wurden Bomben geworfen, doch richtig gefürchtet war nur die *drilling bomb*, ein Sprengkörper, der sich vor der Detonation in den Boden hineinschraubt. Nur ein einziges Mal traf eine solche Bombe genau, explodierte aber wie durch ein Wunder nicht, so dass niemand zu Schaden kam.

Der Ausflug in die Unterwelt gehört für mich zu einem der Höhepunkte dieser Reise. Müde kommen wir am Abend nach Hue zurück. Noch ahne ich nicht, dass die nächsten Tage für mich weitere Überraschungen bringen werden.

Auf den Brettern, die die Welt bedeuten

In einem nahen Restaurant gehe ich essen. Ich sitze auf der Terrasse im Freien, und während ich auf mein Mahl warte, muss ich unwillkürlich an die Erlebnisse des heutigen Tages denken. Ich werde erst wieder mit der Gegenwart konfrontiert, als mich eine junge Frau erst auf französisch und dann auf englisch anspricht.

Sie suche Statisten für einen französischen Film, der gerade in Hue gedreht wird, und ob ich nicht Lust hätte, mitzumachen. Ich bin ziemlich erstaunt und denke im ersten Moment an einen Scherz. Doch je länger ich mich mit der Frau unterhalte, umso glaubhafter wird die Angelegenheit. Ich bin hin und her gerissen! Soll ich oder soll ich nicht? Einerseits würde es mir sicher eine Menge Spaß machen, einmal hinter die Kulissen eines Filmes zu blicken, doch andererseits müsste ich meine Weiterreise verschieben. Und bei nur vier Wochen Aufenthalt in Vietnam und noch so vielen Orten, die ich sehen möchte, fällt die Entscheidung nicht leicht. Schließlich wage ich doch den Ausflug in die Filmwelt und sage zu.

Der nächste Morgen beginnt für mich bereits um sechs Uhr. Filmleute und Statisten treffen sich im besten Hotel der Stadt, wo Taxis und Kleinbusse bereits warten, die alle zum Drehort bringen sollen. Ich bin dabei. Etwa zwanzig Minuten fahren wir am Parfümfluss entlang und erreichen dann das Gelände. Bereits zu so früher Stunde herrscht Hektik. Visagisten ordnen die Make-up-Utensilien und bauen Schminktische auf. Im Garderobenraum wird heftig über die Kostümkombinationen diskutiert, Techniker rennen mit langen Kabeln hin und her, und die Kameraleute sind dabei, ihre Geräte zu positionieren. Umgeben von grünen Reisfeldern wurde eine Villa im Kolonialstil nachgebaut, deren dunkles Holz sehr gut zur tropischen Umgebung passt. Vor dem Haus im Garten stehen Korbstühle mit pastellfarbenen Sitzpolstern und ein altes Piano. Weiter hinten wurde ein Holzpodest aufgebaut, der als Tanzboden dienen soll. Bis jetzt habe ich vom Drehbuch mit dem Titel *Le Sud lointain* („Ferner Süden") keine Ahnung. Erst nach und nach erfahre ich die Einzelheiten. Erzählt wird die Geschichte einer französischen Familie, der im Indochina Ende des 19. Jahrhunderts eine Plantage gehört. Der Film reflektiert diese Familiensaga bis zur Mitte des zwanzigsten Jahrhunderts. Ich gehöre zu den Statisten, die die zwanziger Jahre repräsentieren.

Mein fast knöchellanges Kleid besteht aus lachsfarbener Seide mit Perlenstickerei. Dazu gehört ein Strohhut mit ein paar arg mitgenommenen Kunstblüten darauf, der mir immer wieder in die Stirn rutscht. Die spitzen braunen Schuhe sind so unbequem, dass ich nach zwei Tagen dicke Blasen an den Füßen haben werde.

Ich bin sehr aufgeregt, und als ich bei der Visagistin an der Reihe bin, ist es schon fast elf Uhr vormittags. Nach dem gekonnt aufgetragenen Make-up werden meine Haare im Stil der damaligen Zeit onduliert und in Wellen gelegt. Von der Frisur sieht man jedoch nicht mehr allzu viel. Schließlich muss ich zur Garderobe den Hut tragen. Zumindest rutscht er mir nicht mehr ins Gesicht, es wird am neuen Volumen meiner Haare liegen. Als die Schauspieler und Statisten endlich kostümiert, geschminkt und frisiert sind, beginnen erst die Proben und dann die Dreharbeiten. Die einzelnen Szenen werden endlos oft wiederholt und sind mit viel Warterei verbunden. Dazwischen gibt es Mittagessen, Kaffee, kalte Getränke und Kekse. Insgesamt bin ich an vier Drehtagen dabei und finde es sehr interessant, einmal die Entstehung eines Filmes hautnah miterleben zu können.

Am dritten Nachmittag wird eine Tanzszene verlangt. Gemeinsam mit den Hauptdarstellern drehe ich mich mit meinem französischen Filmpartner im Walzerschritt nach der Musik von Chopin. Immer und immer wieder! An diesem Tag wird bis zehn Uhr abends gedreht. Bei Dunkelheit tanzen wir zu einer anderen Einstellung weiter. Am nächsten Tag habe ich so große Blasen, dass ich – vor allem in den braunen Schuhen – kaum mehr laufen kann. So bleibt mir nichts anderes übrig, als den vierten Tag fast nur im Sitzen zu verbringen. Und dann sind für mich die Dreharbeiten auch schon zu Ende. Wir bekommen als Gage ein geringes Entgelt und essen noch gemeinsam am Drehort zu Abend. Nach diesem Abenteuer erwartet mich zurück in Hue wieder die Realität: Ich muss die Weiterreise planen.

Im Büro des Sinh-Cafés kaufe ich mir ein *Open Ticket* für 35 Dollar. Der Hauptsitz dieses Cafés ist in Saigon, und ich habe davon bereits von mehreren Reisenden auch außerhalb Vietnams erfahren. Mit dem *Open Ticket* wird die Busfahrt von Hue nach Saigon garantiert. Zeitlich unbegrenzte Zwischenstopps auf dem Weg nach Süden sind inbegriffen. Damit haben die Organisatoren nicht nur den Trend der Zeit, sondern auch die Bedürfnisse der Individualreisenden erkannt. Das Sinh-Café ist zu einer echten Institution geworden. Neben dem Busticket von Hue nach Saigon oder umgekehrt werden auch Ein- oder Mehrtagestouren zu interessanten Sehenswürdigkeiten angeboten. Nicht nur die Preise stimmen, sondern auch der Service und die Freundlichkeit der Veranstalter.

Am nächsten Morgen steige ich in den großen, fast leeren Bus. Als besonderer Service wird täglich gefahren, unabhängig von der Anzahl der Reisenden. Von meinem Fensterplatz aus genieße ich während der nächsten sechs Stunden faszinierende Ausblicke auf Südvietnams Küstenlandschaft. Das Ziel dieses Tages heißt Hoi An, eine ehemals wichtige Hafenstadt für holländische, portugiesische, chinesische und japanische Seeleute. Da mir das angesteuerte Hotel nicht gefällt, werde ich mit einem Moped zwecks Besichtigung weiterer Unterkünfte kostenlos durch die Gegend gefahren. Ich finde das sehr bequem, da die Hitze, besonders jetzt während der Mittagszeit, sämtliche Bewegungen lähmt. Allerdings ist mein großer Rucksack recht hinderlich. Auf der schmalen Rücksitzbank des Mopeds und zudem noch mit Gepäck auf dem Rücken muss ich bei der flotten Fahrweise schon sehr auf die Balance achten! Schließlich entscheide ich mich für ein großes sauberes Zimmer im Trade Union-Hotel. Durch den großzügig angelegten Hof und die daran angrenzenden Zimmer wirkt es fast wie ein amerikanisches Motel. Nach einer kalten Dusche macht sich mein gewohnter Entdeckungsgeist wieder bemerkbar. Als ich die Tür öffne, blicke ich in ein grinsendes Jungengesicht.

„Madame, you want bicycle?“ tönt es in englisch-französischem Kauderwelsch zu mir herüber. Sein mitgebrachtes Fahrrad sieht aus, als ob es schon ein halbes Jahrhundert im Einsatz wäre.

Na gut, für die paar Stunden reicht es, überlege ich mir und bekomme auch prompt den Radschlüssel in die Hand gedrückt. Und tatsächlich, bis auf den etwas unbequemen Sattel, kann ich mich über den Drahtesel *Made in Vietnam* nicht beklagen. Ich fahre durch die engen Pflastersteingassen und vorbei an den vielen heruntergekommenen, doch immer noch recht elegant wirkenden Häusern des vergangenen Jahrhunderts. Ein Gebäude ist derart schön, dass ich ein wenig verweile, um mir die Fassade genauer anzusehen. Die Kinder im Haus bemerken mein Interesse und winken mich hinein. Das Innere hat mit der äußerlichen Eleganz allerdings wenig gemein: Die Einrichtung unterscheidet sich nicht von der in einfachen vietnamesischen Häusern. Im Halbdunkel stehen ein großes Bett ohne Matratze und nur mit einer dünnen Bastmatte bedeckt, ein flimmernder Fernseher, spärliche Möbel auf kahlen Steinfliesen und ein Hausaltar für die Ahnenverehrung. Der Geruch von Räucherstäbchen gibt der Atmosphäre im Haus etwas von der Mystik zurück, die durch den lärmenden Fernseher fast gänzlich verloren gegangen scheint. Die Kinder bieten mir auf einem der Holzstühle Platz an. Sie schauen mich erst lange und kichernd an, bevor die üblichen Fragen in englisch gestellt werden. Wie so oft wundere ich mich über die doch recht kecken und spontanen Sprachkenntnisse der Kinder hier. Meist sprechen sie viel besser als die Erwachsenen und sind für ihre Eltern eine große Hilfe im Umgang mit Fremden.

Nachdem ich die Fragen nach meinem Land, Namen und dem Verlauf der Reise beantwortet habe, kann ich mich zurückziehen. Als ich wieder auf das Rad steige, stehen die beiden Ältesten am Tor und winken mir nach. Gerührt von der Unbefangenheit dieser Kinder fahre ich über die Brücke, die die beiden Ortsteile von Hoi An verbindet. Als ich mich während der Fahrt umblicke, muss ich einfach stehenbleiben, um den Anblick der Uferpromenade mit dem geschäftigen Markttreiben besser begreifen zu können.

Sieht es nicht genauso aus wie vor Hunderten von Jahren, als Hoi An noch unter dem Namen Faifo bekannt war? Ich hänge meinen Gedanken nach und blicke auf die Holzboote mit ihren Ladungen an Reis, Gemüse und Hühnern seitlich unter mir, die von Frauen mit spitzen hellen Strohhüten gerudert werden. Auf der Uferpromenade sieht man andere in der

Hocke sitzen, wild gestikulierend und feilschend, mit riesigen Bambuskörben voll mit frischem Gemüse vor sich.

Dazwischen laufen Frauen mit Holzstangen über den Schultern, von deren beiden Enden an Stricken Bambuskörbe wie Waagschalen herunterbaumeln. Es gibt nichts, was in diesen Schalen nicht befördert werden kann. Ich habe bereits Kinder darin sitzen sehen, Hühner, Gemüse, Obst und sogar ein Minirestaurant mit kleinem Ofen, Holzschemeln und einer bunten Kommode mit Geschirr und Essutensilien. Das alles wird von den Frauen problemlos durch die Straßen getragen. Ich finde die Art und Weise dieses Transports recht praktisch, besonders, um sperrige Sachen besser befördern zu können.

Der Anblick von der Brücke herab fasziniert mich so, dass ich nicht merke, wie die Zeit vergeht. Im Schein der untergehenden Sonne setze ich meine Radtour fort. Auf der anderen Seite des Flusses wird die Gegend viel ländlicher; mit Strohhütten und nur noch vereinzelten, halbzerfallenen Steinhäusern im rustikalen französischen Stil. Die Sandwege sind voller Steine, und ich hoffe inbrünstig, dass die Reifen diese Strapazen überstehen werden. Bestimmt haben sich hierher noch nicht allzu viele Touristen verirrt, da ich oft wie ein Geist bestaunt werde. Und wieder sind es die Kinder, die ihren Spaß daran haben, mir nachzurennen und sich am Gepäckträger festzuhalten. Fast überall, wo ich anhalte, gibt man mir durch Gesten zu verstehen, doch ins Haus einzutreten.

Genauso hatte ich mir Asien immer vorgestellt, als ich es nur aus Büchern und vom Hörensagen kannte. Für mich gleicht diese Radtour einer Fahrt in eine fremde, unwirkliche und zugleich geheimnisvolle Welt. Zurück auf der Uferpromenade werde ich wieder mit der Gegenwart konfrontiert. Ich höre, wie jemand meinen Namen ruft, und als ich stehenbleibe und mich umdrehe, sehe ich in altbekannte Gesichter von vorherigen Aufenthalten weiter nördlich. Irgendwie haben sie alle die gleiche Route; der einzige Unterschied besteht in der Richtung: entweder von Norden nach Süden oder von Süden nach Norden. Bis spät sitzen wir im Freien zusammen, wechseln mindestens dreimal die Lokalitäten und trinken vietnamesischen Reis- oder Maulbeerwein, sowie westliche Cocktails ähnlich den *Bloody Mary´s* oder *Daiquiries* – zu einem Bruchteil der sonst üblichen Preise. Fast jeder hat sich in den unzähligen Schneidereien von Hoi An etwas nähen lassen oder zumindest in Auftrag gegeben.

Das Städtchen ist bekannt für seine guten und preiswerten Handarbeiten und der in allen Farbschattierungen erhältlichen vietnamesischen, japanischen und chinesischen Seide. Auch für mich werden die Schneidereien zum magischen Anziehungspunkt: insgesamt lasse ich mir sechs

Kleider und eine Hose maßschneidern – für insgesamt etwas über 50 Dollar.

Der Vormittag des folgenden Tages gehört dem Fotografieren. Immer wieder stelle ich fest, dass diese einzigartige Atmosphäre nie auf Farbbildern oder Dias zur vollen Entfaltung gelangen kann. Ich habe mich in diese malerische Stadt, in der die Zeit stehen geblieben zu sein scheint, verliebt. Für mich gehört sie zu einer der schönsten und ausdrucksvollsten in ganz Vietnam. Doch der Nachmittag holt mich umso krasser wieder in die vietnamesische Wirklichkeit zurück. Durch Palmenhaine und vorbei an satten grünen Reisfeldern radle ich zum fünf Kilometer entfernten Meer. Eigentlich ist der Strand mit dem weißen Sand und klaren Wasser sehr schön, doch sobald ich mich auf einem Liegestuhl niederlasse, werde ich von Kindern umringt. Sie schleppen alles mögliche mit sich herum, das sie verkaufen wollen: Getränke, Früchte, belegtes Weißbrot, Erdnüsse, verschiedene Arten von fritiertem Gebäck, Muschelketten und vieles andere. Es werden immer mehr, die hartnäckig im Sand sitzen und ihre Waren anpreisen – erst bittend, dann sehr bestimmt und wenn man schließlich doch nichts kaufen möchte, hagelt es meist erzürnte Worte. Sollte man sich dagegen entschließen, etwas zu ersteigern, veranlasst das die anderen nicht selten zu Wutausbrüchen und heftigen Vorwürfen.

Der Strand ist noch nicht allzu touristisch frequentiert, und erst wenn wieder ein Fremder auftaucht, hat man die Bande los, da sich alle mit dem gleichen Gebaren auf den Neuankömmling stürzen. Sobald keine Besucher mehr erscheinen, wird man selbst wieder zum Opfer. Nach drei Stunden reicht es mir, und ich will zurückradeln. Als ob ich es geahnt hätte – mein Vorderreifen ist platt! Ich habe wenig Lust, die fünf Kilometer zurück nach Hoi An zu laufen. So halte ich am nächsten Haus, vor dem ein älterer Mann auf der Veranda sitzt.

„Mein Reifen ist platt“, stammle ich auf französisch und gebe ihm zu verstehen, dass ich auf Hilfe angewiesen bin.

Es stellt sich heraus, dass er ein hervorragendes Französisch spricht und sich freut, es nun mit mir praktizieren zu können. Freundlich kramt er eine uralte Luftpumpe hervor und versucht, mit diesem steinzeitlichen Gerät Luft in den Vorderreifen zu pressen. Doch alle Anstrengungen sind vergeblich. Der Reifen bleibt platt. Der Mann bietet mir sein Moped als Taxi an und – was bleibt mir auch anderes übrig – fährt mich zurück nach Hoi An, wo mich der kleine Fahrradvermieter mit entgeisterter Miene empfängt.

„Soll er sich doch selbst um sein Fahrrad kümmern“, murmele ich und gehe genervt ins Hotelzimmer. Am Abend treffe ich wieder meine Reisebekanntschaften und bei vietnamesischer *Cao lau*-Suppe ist der Ärger des Nachmittags bald verflogen.

In Nha Trang mit Mama Hanh

Ich sehne mich nach ein paar geruhsamen Strandtagen, und so fahre ich am nächsten Tag weiter nach Nha Trang, einer Stadt am Meer. Ich kann es kaum glauben, aber ich bin der einzige Fahrgast im großen Bus des Sinh-Cafés. Das ist zwar ökologisch nicht vertretbar, aber tatsächlich wahrer Kundenservice!

Nach über elf Stunden Fahrt komme ich an und quartiere mich in ein Hotel in Strandnähe ein. Zufällig treffe ich die Schottin Ailsa und den Neuseeländer Earle wieder. Beide hatte ich in Phonsavan in Laos kennengelernt, wo wir uns gemeinsam die Ebene der Tonkrüge ansahen. Ailsa und Earle reisen schon seit einigen Wochen zusammen, doch ihre Persönlichkeiten können unterschiedlicher nicht sein. Ailsas typische Merkmale sind eine zierliche Figur, rötliche Haare, ein kleiner Nasenring, ihre permanente Geldknappheit (der berüchtigte schottische Geiz scheint bei Ailsa wirklich zuzutreffen!), der für mich fast unverständliche schottische Akzent und ihre ständige Unentschlossenheit. Dagegen ist Earle mit seinem etwa 120 Kilogramm Lebendgewicht bei einer Körpergröße von 1,85 Meter, der Glatze mit dem ungefähr fünf mal fünf Zentimeter großen Quadrat an dunklen, kurzen Haaren in der Mitte seines Hinterkopfes, sowie seinen weiten Hosen und Hemden mit immer passenden Tüchern ein Original, das auf Vietnams Straßen nicht zu übersehen ist.

Nach einigen Tagen am Strand sind Earle und ich merklich sonnengebräunt, während Ailsas Haut- und Haarfarbe fast den gleichen Ton aufweisen. In Nha Trang gibt es eine Attraktion, die über die Grenzen Vietnams hinaus bekannt ist: Mama Hanh und ihr Slogan: „Mama Hanh – Fun in the Sun!“ Täglich organisiert diese pfiffige Frau Bootstouren zu den vorgelagerten Inseln – auf ihre ganz besondere Art und Weise. Auch Ailsa, Earle und ich gehören bald zum Kreis derer, die teilnehmen. Mit einem Motorschiff von der Art eines Fischerbootes geht es morgens hinaus aufs Meer. Bereits da sorgt Mama Hanh mit flotten Sprüchen und Reggae-Musik für die richtige Stimmung. Vor einer der vielen Inseln ankern wir und springen zum Schnorcheln und Schwimmen ins Blaugrün des südchinesischen Meeres.

Allerdings ist die Unterwasserwelt wenig beeindruckend. So verbringe ich die Zeit lieber schwimmend oder lasse mich in einem der Rettungsringe treiben. Währenddessen bereiten Mama Hanh und ihre fleißigen Helfer das von vielen gerühmte Mittagessen zu. Das Büfett auf dem Oberdeck übertrifft dann aber doch unsere Erwartungen. Unmengen an Tellern, Schüsseln und Schälchen beinhalten verschiedene Arten an Meeresfrüchten, Fischfilets, Gemüse, Reis, Nudeln, Salat und Saucen. Wir lassen uns auf dem Boden im Lotussitz nieder und speisen wie die Könige. Alle sind so mit dem Essen beschäftigt, dass kaum einer spricht. Zum Schluss erscheint Mama Hanh, knackt die übrig gebliebenen Krebse auf, rührt Avocado-Mousse als Weißbrotbelag an, schält Mangos und füttert uns so im wahrsten Sinn des Wortes.

Dann wird die Hauptattraktion des Tages zu Wasser gelassen: Mama Hanhs schwimmende Bar. Eine rechteckige Styroporbox mit Inhalt – Maulbeerwein und Ananasscheiben – wird durch ein Seil ans Boot befestigt. Hinter dem Kasten sitzt Mama Hanh im weißroten Rettungsring und bedient ihre Gäste mit Wein aus Plastikbechern, auf denen sie kunstvoll eine Scheibe Ananas plaziert. Sogar hier hat sie ihr Markenzeichen, einen grünen Hut, auf.

Bald liegen alle Gäste zufrieden und bequem in den Rettungsringen mitten auf dem Meer, den Cocktail in der Hand. Mama Hanh genießt diese Szene, die ihr zuteil werdende Aufmerksamkeit und die Glückseligkeit ihrer Gäste, obwohl sie mit dem Einschenken kaum nachkommt. Der Wasserspaß ist auf eine Stunde reduziert, dann geht es zurück an Bord. Nach kurzer Fahrt halten wir vor der nächsten Insel, und das Oberdeck wird in ein exotisches Obstbüfett verwandelt. Mangos, Ananas, Papayas, Bananen, Trauben, grüne Drachenfrüchte, Zimtäpfel, Rambutans und Sternfrüchte, die man zwar vom Markt her kennt, aber nie gewagt hat, sie auch zu probieren, werden vor unseren staunenden Augen kunstvoll aufgebaut. Und dann ergötzen wir uns an diesem tropischen Vielerlei, das auf unsere nicht gerade von exotischen Früchten reich verwöhnten Gaumen wie ein Feinschmeckerparadies wirkt. Am Spätnachmittag, als das Boot wieder in den Hafen von Nha Trang einläuft, sind alle von Mama Hanh und ihrer Organisation begeistert. Und diese Begeisterung ist ein Garant dafür, dass bald die nächsten Traveller kommen und mitmachen wollen.

Bis zur Weiterfahrt liege ich schließlich noch mit Ailsa und Earle faul am Meer. Mir wird bewusst, dass das meine letzten Strandtage sind, und ich vor meinem Rückflug nach Deutschland keine Möglichkeit mehr zum Baden haben werde. Umso intensiver schwimme ich und kehre an keinem Tag vor Sonnenuntergang ins Hotel zurück. In netten kleinen Restaurants verbringen wir die Abende, die von leckeren Eisportionen gekrönt werden. Nha Trang ist bekannt für seine guten und preiswerten *Bananen-* und *Pineapple-Splits*.

Ailsa beschließt, eine andere Route zu nehmen. Bevor Earle und ich gemeinsam weiterreisen, entschließen wir uns, Mama Hanhs Bootstrip ein zweites Mal mitzumachen. Dann endlich haben wir genug von Strand, Meer, Eis und diversen anderen Vergnügungen.

Unser nächstes Ziel heißt Dalat und liegt sieben Stunden von Nha Trang entfernt in den Bergen. Das klimatisch milde Gebiet mit seinen immergrünen Wäldern, malerischen Seen und Wasserfällen macht das Städtchen zum Zufluchtsort hitzemüder Saigoner und gilt als typischer Ort für Flitterwochen. Als wir ankommen nieselt es. Alles ist grau in grau. Auch die nächsten beiden Tage, die wir hier verbringen, verursachen in mir nicht diese Begeisterung, die uns von vielen prophezeit wurde. Vielleicht erinnern mich der Ort und sein Klima doch zu sehr an zuhause. Zufällig lese ich in Earles Reiseführer eine kurze Notiz über das Crazy House, in dem Zimmer für Gäste zur Verfügung stehen. Die Besitzerin sei die Tochter eines ehemaligen Präsidenten und hätte Architektur in Moskau studiert. Künstlerisch inspiriert versuche sie nun ihre außergewöhnlichen Ideen in die Tat umzusetzen.

Durch die Beschreibung neugierig geworden, lassen wir uns vom Taxi des Crazy House – ein Wagen aus den fünfziger Jahren – abholen. Dann sehen wir das Gebäude vor uns und werden von soviel Fantasie fast erschlagen. Das haben wir im doch eher nüchternen, sozialistischen Vietnam nicht erwartet. Ein burgartiges Gebilde mit Tunneln, Nischen, Höhlen, unterschiedlich großen Fenstern, Türen und verwinkelten Zimmern tut sich vor uns auf. Grelle Farben, eine Giraffe und verschiedene undefinierbare Figuren versetzen uns in eine regelrechte Märchenwelt. Alles ist aus Beton und erinnert mich etwas an die Gebäude von Hundertwasser. Jedoch sind Mittel und Ausstattung viel bescheidener.

Im kleinen, verspielten Garten mit Teich und Seerosen gibt es kuriose Sitzgelegenheiten und ein riesiges „Spinnennetz“ aus verflochtenem Draht, das kunstvoll angefertigt direkt über dem Teich hängt. Erst jetzt fallen mir die vielen geschnitzten und getöpferten Figuren auf, die in jeder Ecke stehen. Zwei nackte Frauenskulpturen passen so gar nicht ins Bild des traditionellen Vietnams. Doch bald wird uns klar, dass die Besitzerin aufgrund ihrer Herkunft jegliche Narrenfreiheit genießen und mehr oder weniger unantastbar sein muss. Wir überlegen nicht lange, als wir erfahren, dass ein Zimmer frei ist. Die Besonderheit, einmal im Crazy House logieren zu können, wollen wir uns nicht entgehen lassen. Und unser Zimmer, so stellt sich heraus, ist wirklich sehr speziell. Die Betten sind in Nischen gebaut, mit Vorhängen als Sichtschutz und witzigen Spiegeln an den Wänden. Tisch und Stühle sind lediglich mit Klarlack überzogene Baumstämme und Wurzeln. In eine Ecke geschmiegt kauert ein riesiger Betontiger mit roten Glühlampen-Augen, der furchterregend zum Sprung auf jeden unerwünschten Eindringling ansetzt. Nach soviel Fantasie haben wir erst einmal genug. Außerdem knurrt der Magen. Auf dem Markt werden wir mit einer großen Auswahl an Gemüse konfrontiert, das in diesem Klima wunderbar gedeiht. Neben dem Tourismus ist der Blumen- und Gemüseanbau für Dalat die wichtigste Einnahmequelle. Ich sehne mich nach einer knackigen Salatplatte. Angesichts des überreichen Angebotes dürfte es nicht allzu schwierig sein, meinen Wunsch auch erfüllen zu können.

In einem nahen Restaurant erhalte ich das Gewünschte. Sogar das Salatdressing ist erstaunlicherweise recht schmackhaft. Um die Gegend besser kennenzulernen, mieten wir uns für den nächsten Tag zwei Mopeds samt Fahrer, die uns von anderen Touristen aufgrund ihrer sicheren und bedachten Fahrweise empfohlen wurden. Die größere Maschine überlasse ich gerne Earle, der mit seinem Gewicht schließlich ein Anrecht auf mehr Sitzfläche hat. Tatsächlich wird die Fahrt zu einem Vergnügen. Die hügelige und waldreiche Gegend erinnert mich doch sehr an die europäische Heimat, da ich zum ersten Mal seit geraumer Zeit wieder Fleecepulli und lange Hosen tragen muss.

Wir besichtigen den Sommerpalast von Vietnams letzten Kaiser Bao Dai. Die gelbbraune Villa, 1933 erbaut, gleicht einem Rummelplatz. Scharen von einheimischen Touristen belagern jedes der 25 Zimmer, lassen sich zu Fotozwecken auf Kanapees und Betten nieder oder halten Bao Dais altertümlichen Telefonhörer ans Ohr. Wir müssen beide schmunzeln. Was würden wohl die Schlossverwaltungen von Neuschwanstein oder Versailles zu solch einem respektlosen Verhalten sagen? Doch hier lässt es sich auf dem Schlafgemach des Monarchen ungestört posieren!

In der Lam Ty Ni-Pagode begegnen wir Vien Thuc, dem einzigen Mönch, der hier lebt. In jahrelanger Arbeit hat er Blumenbeete, Wege und sogar einen japanischen Miniaturgarten mit einer kleinen Brücke auf dem Gelände angelegt. Er lädt uns ein, seinen Wohnbereich zu besichtigen. Und wir staunen nicht schlecht, als wir mit drei großen Malateliers konfrontiert werden, die Tausende von gerahmten und ungerahmten Bildern enthalten. An den Wänden hängen Zeitungsausschnitte über seine Ausstellungen in Europa und den USA. Vien Thuc scheint als malender Mönch aus Dalat in der Kunstwelt recht anerkannt zu sein. Ich frage ihn, ob er denn auch persönlich zu den Ausstellungseröffnungen anwesend sein konnte. Er verneint und meint ohne jede Bitterkeit, dass er nur die Bilder ausgesucht hätte, eine persönliche Teilnahme im Ausland für ihn jedoch nicht möglich gewesen sei.

„Vielleicht gibt es in Zukunft die Möglichkeit, einen Pass zu bekommen, um zu reisen“, bemerkt er.

Jetzt würde er sich über alle Artikel freuen, die von seinen Ausstellungen berichten. Dann geht er zurück ins Atelier, legt ein längliches Stück weißes Papier auf einen Holztisch und taucht den Pinsel in schwarze Farbe. Die Einsamkeit des malenden Mönchs, denke ich mir, bevor ich hinausgehe. Ein letzter Blick fällt auf die vielen, meist abstrakten Zeichnungen, die fast alle mit einem Zitat auf vietnamesisch, englisch oder französisch beschriftet sind.

„So ein Einsiedlerdasein wäre nichts für mich“, sagt Earle draußen nachdenklich zu mir.

„Sicher hat Vien Thuc die innere Überzeugung, um dieses Leben überhaupt führen zu können“, antworte ich ihm.

Seine einzige Abwechslung sind doch nur die wenigen Touristen, die von ihm erfahren haben und kommen, um seine Bilder zu sehen oder zu kaufen. Auch als Geschäftsmann ist der Mönch bescheiden: Seine Bilder verkauft er für zehn Dollar oder zum Selbstkostenpreis.

Am Abend genieße ich zum zweiten Mal die Salatplatte. Später sitzen Earle und ich im verwunschenen kleinen Garten des Crazy House und stimmen darin überein, dass es an der Zeit sei, weiterzureisen. Unser nächstes Ziel heisst Ho Chi Minh-Stadt, besser bekannt unter dem Namen Saigon.

Saigon – das Herz des Südens

Schon zu Beginn meiner Reise habe ich eine bestimmte Sehnsucht verspürt, Saigon kennen zu lernen. Vielleicht, weil ich Graham Greene´s *Der stille Amerikaner* gelesen habe oder *Der Liebhaber* von Marguerite Duras. Fest steht, dass in all den Büchern und Geschichten über Saigon die Stadt in einer so faszinierenden und fremdartigen Weise dargestellt wird, die es mir einfach unmöglich macht, davon nicht berührt zu sein. Und Earle – auch ohne diese literarischen Vorkenntnisse – möchte ganz einfach nur wieder einmal Großstadtluft schnuppern. So sitzen wir beide schließlich am nächsten Morgen mit einigen anderen Reisenden im Sinh-Café-Bus Richtung Saigon.

Wieder sind es sieben Stunden Busfahrt, die nicht enden wollen. Wir haben genug Platz, und während Earle die meiste Zeit schläft (offensichtlich verspricht er sich ein sagenhaftes Nachtleben!) lese ich eher gelangweilt im Reiseführer. Lange bevor wir ins Zentrum von Saigon kommen, kündigt sich die südvietnamesische Metropole schon durch regen Verkehr, geschäftige Menschen, Plakatwände, eine Vielzahl an kleinen Geschäften und eine zunehmende Anzahl von Mopeds, die wie Bienen auf ein unbekanntes Ziel zuströmen, an. Je näher wir kommen, umso lebhafter wird das Straßenbild. Es scheint, als ob alle sechs Millionen Einwohner, zweieinhalb Millionen Fahrräder und eine Million Mopeds auf einmal Saigons Straßen bevölkern. Endlich hält der Bus vor der Zentrale des Sinh-Cafés, einem einfachen Restaurant mit Buchungsbüro in der Pham Ngu Lao-Straße, dem Gegenstück zu Bangkoks lebhafter Khao San Road. Nachdem wir alle ausgestiegen sind und wieder die Rucksäcke auf dem Rücken haben, machen wir uns auf die Suche nach einer Unterkunft. Und davon hat die Pham Ngu Lao genug zu bieten.

Schließlich quartieren wir uns für ein paar Dollar ins freundliche Dung-Hotel in einer Seitenstraße ein. Ich entschließe mich, gleich am nächsten Tag an einer Tour ins Delta teilzunehmen. Lange habe ich den Mekong nicht mehr gesehen, zuletzt in Laos. Und nun werde ich ihn am Ende seiner langen Reise wieder begegnen. Wie unbedeutend doch seine Fluten sind, wenn sie erst einmal ins südchinesische Meer münden und eins werden mit den Ozeanen.

Und wieder ist das Sinh-Café meine Anlaufstelle für die geplante Tour. Letztendlich hat es doch die besten Angebote. Ich entscheide mich für einen Zwei-Tagetrip, behalte mir jedoch die Möglichkeit vor, individuell zu verlängern. Den Rest des Nachmittags lasse ich mich per *Cyclo* durch die Straßen Saigons kutschieren, um einen ersten, flüchtigen Eindruck zu erhalten. Mein Fahrer erzählt mir in gutem Englisch seine Lebensgeschichte.

Als Soldat der südvietnamesischen Armee, die mit den Amerikanern gegen die Vietcong kämpfte, hatte er nach der „Befreiung" durch die Nordvietnamesen 1975 viele Repressalien zu erleiden. Nach zwölf Jahren in Umerziehungslagern wurden ihm sämtliche Möglichkeiten, auf dem Arbeitsmarkt Fuß zu fassen, verwehrt. Die einzige Chance, den Unterhalt für sich und seine Familie zu bestreiten, war die, sich als *Cyclo*-Fahrer selbständig zu machen. Und das *Cyclo* fährt er heute noch.

„Am Anfang war es hart, Geld zu verdienen", betont Son.

Unter der neuen Regierung war er einer von vielen Geächteten, die einst mit den Amerikanern zusammengearbeitet hatten. Ihnen wurde schließlich ein nur sehr bescheidenes Leben ermöglicht. Doch Son blickt positiv in die Zukunft. Mit der Öffnung Vietnams hin zur Marktwirtschaft wird sich auch für ihn das Leben in neue Richtungen bewegen. Und immerhin ist sein Englisch hervorragend – eine nicht zu unterschätzende Qualifikation für den Fremdenverkehr im heutigen Vietnam. Es macht Spaß, sich mit Son zu unterhalten, während wir uns durch den unaufhörlichen Verkehrsstrom quälen.

Ich sehe das ehrwürdige Hotel Continental, in dem ein Großteil von Graham Greene´s Geschichte rund um den *stillen Amerikaner* spielt. Vorbei am Stadttheater geht es hinunter zum Saigon-Fluss, auf dem riesige Ozeandampfer be- und entladen werden. Das andere Ufer des Flusses ist viel zu ländlich und einfach, um es als Teil von Saigon identifizieren zu können. Son erklärt mir, dass dort bereits riesige Projekte geplant sind, die bald auch das Ambiente einer Großstadt verbreiten werden.

Es ist bereits dunkel, als er mich zurück in die Pham Ngu Lao fährt. Mein erster Eindruck von Saigon ist sehr positiv, und ich hoffe, nach der Tour ins Delta noch genügend Zeit für weitere Entdeckungen zu haben. Ich treffe Earle zum Abendessen im Sinh-Café. Am Nebentisch sitzen ein paar bekannte Gesichter, die ich irgendwo unterwegs kennengelernt hatte.

Immer mehr Traveller finden sich ein, und schließlich erscheint auch Ailsa. Mittlerweile hat sich ihre Hautfarbe wieder neutralisiert, und sie berichtet uns von ihren neuesten Plänen: mit dem Zug in zweieinhalb Tagen nach Hanoi und von dort aus über die Grenze nach China und dann in Richtung Hongkong, um in der ehemaligen britischen Kronkolonie Arbeit zu finden. Aber Ailsas Pläne werden sich noch oft ändern, da bin ich mir sicher. Ich wünsche ihr viel Glück und gehe ins Hotel zurück. Nun möchte ich nur noch früh ins Bett, da die nächsten Tage mit Sicherheit recht anstrengend werden.

Im Mekong-Delta

Pünktlich um acht Uhr morgens geht es los. Wir sind nur eine kleine Gruppe von insgesamt sechs Personen. Unser Führer heißt Thanh und spricht gut englisch. Es erstaunt mich nicht, als er uns erklärt, dass auch er früher Soldat der südvietnamesischen Armee war und mit den Amerikanern kooperiert hatte. Immerhin hat man ihn zur Ausbildung für ein Jahr in die USA geschickt, doch das ist lange her. Nach dem Machtwechsel folgten Umerziehungslager und Arbeitslosigkeit, bevor er ebenfalls als *Cyclo*-Fahrer seinen Lebensunterhalt verdiente.

„Die meisten Führer, die vom Sinh-Café angestellt werden, sind ehemalige Armeeangehörige mit guten Englischkenntnissen“, meint Thanh.

Während der etwa dreistündigen Fahrt in die südlichste Region des Landes erklärt er uns, dass das Delta durch Ablagerungen des Mekong entstanden sei. Diese erweitern die Küste an den Mündungen des Flusses pro Jahr um knapp 80 Meter. Die Region gilt als Kornkammer, da hier genügend Reis produziert wird, um einen Großteil von Vietnam versorgen zu können. Weitere Nahrungsmittel des Deltas und Einkommensquellen seiner Bewohner sind Kokosnüsse, Zuckerrohr, Früchte und Fisch.

Unterwegs steigen wir auf ein Boot um und lassen uns durch das Wirrwarr von Kanälen und Flüssen fahren. Hier teilt sich der Mekong in mehrere Arme und mündet schließlich an sechs verschiedenen Stellen ins Meer. Es geht vorbei an Pfahlbauten, vor denen Kinder im braunen Wasser planschen und Frauen ihre Wäsche waschen. Dann paddeln wir vorsichtig durch eine Armada von kleinen Booten, deren Betreiber auf dem Wasser ihre Waren – vor allem Obst und Gemüse – anbieten. Ich bin begeistert von den üppigen Farben der tropischen Früchte, die einen starken Kontrast zu den schmutzigbraunen Fluten bilden. Geschickt rudern die Frauen ihre Kanus durch die Enge der Boote hindurch, um ihre Ware besser präsentieren zu können. Das ganze Schauspiel wird von heftigen Diskussionen, Gelächter und Feilschen um einen akzeptablen Preis begleitet. In einem Wasserarm besuchen wir Gärtner, die Unmengen an Tomaten-, Bohnen- und Gurkenpflänzchen züchten. Abertausende von kleinen Trieben sprießen aus der fruchtbaren schwarzen Erde hervor und recken sich der Sonne entgegen.

Dann geht es weiter nach Cantho, einer freundlichen und lebendigen Stadt direkt am Mekong. Hier verbringen wir die Nacht. Abends spaziere ich auf der Uferpromenade entlang und beobachte die auslaufenden Fischerboote. Außerdem gibt es Paddelboote, die zum anderen Ufer fahren. Hauptsächlich Frauen rudern mit weitausholenden Armbewegungen die Fracht – Menschen, Fahrräder und Säcke voller Reis – hinüber. Auch ältere Frauen bedienen die Boote, und ich wundere mich über ihre gute körperliche Verfassung. Sobald sie mich entdecken, rufen sie mir zu und geben mir durch Gesten zu verstehen, doch mit ihnen zu kommen. Reizen würde es mich schon, die andere, sehr viel ländlicher wirkende Seite von Cantho kennenzulernen, doch es ist schon spät, und die Sonne ist bereits untergegangen.

Am nächsten Morgen trenne ich mich von der Gruppe und ziehe allein los. Ich möchte nach Sadec und das ehemalige Haus von Marguerite Duras, eine meiner Lieblingsschriftstellerinnen, besuchen. Doch das Unternehmen erweist sich als recht abenteuerlich, denn nach der Fahrt in einem alten, klapprigen und überfüllten Bus bis Vinh Long steige ich auf ein Mopedtaxi um, dessen Besitzer zügig Schlaglöcher passiert, sowie Mensch und Tier oft recht waghalsig ausweicht.

Schneller als ich jemals vermutet hätte, komme ich in Sadec an. Kaum einer der Bewohner spricht englisch. Meine letzte Anlaufstelle ist schließlich die kleine Hauptpost. Ich erkläre der jungen Angestellten mein Anliegen. Sie nickt und scheint mich verstanden zu haben. Ich hoffe, dass sie mir sagen kann, wo ich das Haus finde. Sie winkt einen Kunden herbei und fragt ihn etwas auf vietnamesisch. Auch er nickt und kommt auf mich zu. In gebrochenem Englisch bedeutet er mir, auf dem Rücksitz seines Mopeds Platz zu nehmen. Dieser Aufforderung komme ich ohne zu zögern nach. Wir fahren erst eine Straße entlang und dann unter den Schirmen der Marktstände hindurch bis ans Flussufer. Er deutet auf ein gelbes Gebäude auf der anderen Seite und gibt mir zu verstehen, dass dies das gesuchte Anwesen sei. Ich bedanke mich für seine Hilfe und werde auch sofort in ein Ruderboot hineinmanövriert, das mich, heftig schaukelnd und beladen mit Marktbesuchern und Körben voller Lebensmittel, ans andere Ufer bringt. Dort empfängt mich eine Kinderschar. Wahrscheinlich ahnen sie, dass die wenigen Touristen, die in diese Gegend kommen, auf den Spuren der Duras wandeln.

Die Kleinen zeigen mir den Weg, und dann stehe ich plötzlich vor dem Tor des Hauses. Das ehemalige Schulgebäude ist im klassischen kolonialen Stil erbaut, hat hohe, von Holzjalousien verschlossene Fenster und einen Innenhof, der von tropischen Farnen überwuchert ist. Die Kinder weisen mir den Weg durch die Hintertür ins Innere. Als ich durch die kahlen Räume voller Spinnweben laufe, sehe ich die alten Holzschulbänke und kann mir bildlich vorstellen, wie Duras´ Mutter in den zwanziger Jahren einheimische Kinder unterrichtet hat. Ich höre die Schüler lachen, das Kritzeln der Kreide auf der Schiefertafel und das Klicken der Rechenstäbe. Ich befinde mich mitten im Indochina der Vergangenheit.

„Fünfzehneinhalb. Die Überquerung des Flusses. Wenn ich nach Saigon zurückkehre, bin ich auf Reisen, vor allem, wenn ich den Bus nehme. Und an diesem Morgen nahm ich den Bus in Sadec, wo meine Mutter die Mädchenschule leitet. Die Schulferien sind zu Ende, ich weiß nicht mehr welche. Ich habe sie in dem kleinen Dienstgebäude, wo meine Mutter arbeitet, verbracht. Und an diesem Tag kehre ich nach Saigon zurück, ins Pensionat. Der Bus für Eingeborene ist vom Marktplatz in Sadec abgefahren.

Sie sagt, sie sei die Tochter der Lehrerin der Mädchenschule von Sadec. Er denkt nach, und dann sagt er, er habe von dieser Dame, ihrer Mutter, gehört, von ihrem Pech mit dem Landkauf in Kambodscha, so ist es doch, nicht wahr? Ja, so ist es. Er wiederholt, er finde es wunderbar, sie auf dieser Fähre zu sehen. So früh am Morgen, ein so schönes junges Mädchen, Sie ahnen ja nicht, wie unerwartet das ist, ein weißes Mädchen in einem Eingeborenenbus. Sie sieht ihn an. Sie fragt ihn, wer er sei. Er sagt, er sei aus Paris zurückgekehrt, wo er studiert habe, auch er wohne in Sadec, direkt am Fluss, das große Haus mit den großen Terrassen und den blau gekachelten Balustraden."

(Aus *„Der Liebhaber"* von Marguerite Duras)

Erst das Geräusch herannahender Schritte reißt mich aus meinen Tagträumen. Es ist der Hausmeister, der neugierig auf mich zukommt. Doch als ich ihm zu verstehen gebe, dass ich mich hier nur umsehe, schmunzelt er und verlässt wieder den Raum. Ich weiß nicht, wie lange ich mich in dem Gebäude überhaupt aufhalte, in dem die Schriftstellerin einige Jahre ihrer Kindheit und Jugend verbracht hat.

Zurück in Cantho bin ich zufrieden und glücklich, mein Vorhaben verwirklicht zu haben. Am folgenden Tag schließe ich mich der nächsten Gruppe des Sinh-Cafés an. Mehrere Stunden fahren wir mit einem kleinen Boot durch die tropischen Kanäle und Seitenarme des Mekong und erhalten so einen Einblick in das Alltagsleben der Menschen, die hier wohnen. Es gibt liebevoll angelegte Gemüsebeete, bunte Märkte und nachbarlichen Tratsch. Fast alles spielt sich auf dem Wasser ab.

Gegen Nachmittag fahren wir nach Saigon zurück und werden allzu jäh wieder mit der Hektik der Großstadt konfrontiert. Ich bin müde und lege mich zeitig schlafen. Nur noch wenige Tage bin ich in Vietnam, und die sind ausgefüllt mit Aktivitäten. Am nächsten Morgen geht es früh raus, da ich den Gottesdienst der Caodai-Sekte in Tay Ninh, nordwestlich von Saigon, miterleben möchte. Wieder buche ich die Tour im Sinh-Café, einschließlich des Besuchs der berüchtigten Cu Chi-Tunnel.

Pünktlich zum Mittagsgottesdienst erreichen wir den „Heiligen Stuhl", wie das Pilgerzentrum genannt wird. Bevor ich den Großen Tempel betrete, muss ich die Schuhe ausziehen. Dann gelange ich in die vordere Eingangshalle. Ein Wandbild zeigt drei Heilige, die versuchen, den Caodaismus als ideale Religion durch die Verschmelzung weltlicher und religiöser Philosophien aus Ost und West zu schaffen. Der chinesische Staatsmann und Revolutionsführer Dr. Sun Yat-Sen (1866 – 1925) hält einen Tuschstein in der Hand, während der vietnamesische Poet Nguyen Binh Khiem (1492 – 1587) und der französische Dichter Victor Hugo (1802 – 1885) „Gott und Menschheit" sowie „Liebe und Gerechtigkeit" auf chinesisch und französisch niederschreiben.

1926 wurde der Caodaismus offiziell als Religion verkündet. Innerhalb eines Jahres hatte die Sekte 26 000 Anhänger. Viele von ihnen waren vietnamesische Angehörige der französischen Kolonialverwaltung. Mitte der fünfziger Jahre bekannte sich jeder achte Südvietnamese zum Caodaismus. Zu dieser Zeit hatte die Sekte einen praktisch unabhängigen Feudalstaat mit enormen Einfluss auf die Provinzpolitik errichtet. Ihre 25 000 Mann starke Truppe war in die südvietnamesische Armee integriert. Während des Krieges stellten ihre Munitionsfabriken Mörserrohre aus Autoauspuffanlagen her. Da die Caodai es abgelehnt hatten, die Vietcong im Vietnamkrieg zu unterstützen, befürchteten sie nach der Wiedervereinigung das Schlimmste. Tatsächlich beschlagnahmte die neue kommunistische Regierung die gesamte Anlage. Vier Sektenmitglieder wurden hingerichtet. 1985 erhielten sie jedoch den „Heiligen Stuhl" und etwa 400 ihrer Tempel zurück. Heute gibt es in Vietnam noch rund zwei Millionen Anhänger.

Punkt zwölf Uhr beginnt das kleine Orchester auf der Empore im Inneren zu spielen. Die Gläubigen ziehen in hierarchischer Ordnung und nach Geschlechtern getrennt ein. Sie sind in lange weiße Gewänder gehüllt und mit verschiedenfarbigen Kopfbedeckungen ausgestattet. Von der Empore aus beobachte ich die Szene. Der Fußboden ist in neun flache Stufen unterteilt, die die neun Ebenen zur Glückseligkeit symbolisieren sollen. Der Baustil ist für mich der Inbegriff von Kitsch. Es gibt Drachen, die sich um Gipssäulen winden, um so das Dach, das den Himmel darstellen soll, abzustützen. Unter einer Kuppel befindet sich eine riesige, sternenbesetzte blaue Kugel mit dem „Göttlichen Auge". Cremiges Gelb, Orange und Rot mischen sich mit Blau, Grün und allen Farben des Regenbogens im wirren Durcheinander. Schon der englische Schriftsteller Graham Greene amüsierte sich über diesen „Kirmesplatz", obwohl er selbst die Konvertierung zum Caodaismus erwog. 1954 schrieb er in der Londoner Times: „Was bei meinen ersten beiden Besuchen fröhlich und bizarr erschien, stellt sich nun als ein Spiel heraus, das schon zu lange andauert."

Der Gottesdienst währt mehrere Stunden. Ich gehe vor dem Ende hinaus und sehe mich auf dem weitläufigen Gelände um. Nach und nach treffen wir uns alle vor dem Minibus wieder. Wir fahren weiter zur nächsten Station: den Cu Chi-Tunneln.

Die Hölle der Vietcong

Ähnlich wie in die unterirdischen Gänge von Vinh Moc können wir auch in sie hineinkriechen. Sie sind nur etwa 1,20 Meter hoch und 80 Zentimeter breit. Einige aus meiner Gruppe warten am Ausgang, da sie unter Platzangst leiden und Dang, unser Führer, ihnen geraten hat, das Unternehmen lieber bleiben zu lassen.

Ich schiebe mich langsam die ungefähr 50 Meter voran, die für Besucher zugänglich sind, vorbei an mehreren in die Erde gehauenen Räumen und unter hölzernen Falltüren hindurch, die an der Oberfläche mit Erde und Ästen bedeckt sind. Zu Kriegszeiten wurden die darunter befindlichen, mit Gift präparierten Eisenspitzen für den Feind zur tödlichen Falle. Immer wieder leuchte ich mit der Taschenlampe ins Dunkel und kann mir nicht vorstellen, wie einst bis zu 16 000 Menschen in dieser Hölle leben mussten.

Die frühere Widerstandsgruppe der Vietminh buddelte die ersten Höhlen und Tunnel in die harte Erde Ende der vierziger Jahre während des Krieges gegen Frankreich. Im Jahr 1960, mit der Rebellion der Vietcong, wurden die Tunnel repariert und erweitert. So ließ sich ein Gebiet kontrollieren, das nur 30 Kilometer von Saigon entfernt lag. Schließlich erstreckte sich das Tunnelsystem bis zur kambodschanischen Grenze, und allein im Bezirk von Cu Chi gab es Tunnel mit einer Gesamtlänge von bis zu 200 Kilometern. Ohne von diesem System zu wissen, errichtete das US-Militär ein großes Basislager – direkt über der in der Tiefe stationierten Vietcong. Immer wieder wurden US-Soldaten nachts in den Zelten beschossen, und es dauerte Monate, bis die Amerikaner gemeinsam mit den Truppen der südvietnamesischen Armee den Grund erfuhren und reagieren konnten.

Deutsche Schäferhunde wurden eingesetzt, doch die Vietcong verstreuten Pfeffer und legten Uniformen gefangener US-Soldaten aus, um die Feinde irrezuführen. Die Rebellen begannen, sich mit amerikanischer Seife zu waschen, so dass es letztendlich für die Spürhunde unmöglich war, Freund und Feind zu unterscheiden. Die US-Armee schickte ihre Männer als so genannte „Tunnelratten" hinunter, doch führten die unterirdischen Feuergefechte zu extrem hohen Verlusten. Schließlich erkannten die Amerikaner, dass den Rebellen so nicht beizukommen war. Als verzweifelte letzte Möglichkeit, sie zu vernichten, gab man den Befehl, die Gegend um Cu Chi rücksichtslos zu bombardieren, zu beschießen, begasen und zu entlauben. So wurde aus dem einst idyllischen Landstrich nach kurzer Zeit das am stärksten verwüstete Gebiet in der gesamten vietnamesischen Kriegsgeschichte.

Der Touristenführer macht sich einen Scherz daraus, die Falltüren aufzustoßen und auf das grauenvolle Interieur zu deuten. Spitze Eisenlanzen und dünne Speere mit messerscharfen Köpfen ragen mir entgegen, und ich wage kaum, mir vorzustellen, wie Menschenkörper damit grausam verstümmelt wurden. Etwa 200 000 Einwohner würden nun hier leben, denn ab 1975 errichtete die Regierung neue Dörfer. Später erfahren wir von Dang, dass die Chemikalien der Entlaubungsaktionen bis heute in Boden und Grundwasser vorhanden seien und dadurch die Ernten regelmäßig schlecht ausfallen würden. Dass das auch verheerende Folgen für Mensch und Tier haben kann, ist mir klar.

Am Abend gehe ich mit Earle essen. Er hat keine Lust mehr, in Saigon zu bleiben und möchte lieber noch etwas das Landesinnere erkunden.

„Bestimmt laufen wir uns in Kambodscha wieder über den Weg", meint er augenzwinkernd.

Mein Visum läuft in zwei Tagen ab, und am nächsten Morgen gebe ich in der kambodschanischen Botschaft meinen Pass ab. Am Abend könne ich ihn wieder abholen, das Ausstellen des kambodschanischen Visums dauere nur ein paar Stunden, versichert mir die freundliche Angestellte. Zurück auf der Straße winkt mir ein junger *Cyclo*-Fahrer zu.

„Nur sieben Dollar für einen Tag Sightseeing", ruft er zu mir herüber.

Ich zeige ihm meine Liste mit den Gebäuden, Stadtteilen, Tempeln und Kirchen, die ich heute besichtigen möchte.

„Okay", nickt er zustimmend, und ich krieche auf die enge Rücksitzbank der Fahrrad-Rikscha. Mit flinken Tritten in die Pedalen bringt er mich zum Rathaus, zweifelsohne eines der markantesten Wahrzeichen Saigons. Sok, mein Fahrer, macht mich darauf aufmerksam, dass bei Nacht Tausende von Geckos die prachtvolle Außenfassade des weiß-pastellgelben Gebäudes bevölkern und Insekten jagen.

Wir fahren am Saigon-Fluss entlang, wo riesige Ozeandampfer liegen, die noch immer, so wie einst, als man nur über die Meere hinweg andere Kontinente erreichen konnte, ihr Schiffshorn blasen, um die Abfahrt zu verkünden. Früher dauerte es Wochen und Monate, um von einem Erdteil zum anderen zu gelangen. Was mögen wohl die im Exil geborenen weißen Kinder Indochinas gefühlt haben, als sie mit diesen Schiffen aufbrachen, um im fremden Mutterland eine neue Heimat zu finden? Haben sie vielleicht sehnsüchtig auf die helle, tropische Küste eines Landes zurückgeblickt, das sie eigentlich nie verlassen wollten? Oder haben sie ihrem Geburtsort leichtmütig den Rücken gekehrt, ohne die geringste Spur der Reue und des Abschiednehmens zu fühlen – bereit für die Zukunft im fortschrittlichen und modernen Europa?

Marguerite Duras hat dieses Abschiednehmen aus der Sicht eines jungen Mädchens treffend beschrieben:

„Auch sie hatte, als das Schiff seinen ersten Abschiedsruf ausstieß, als die Laufbrücke hochgezogen wurde und die Schlepper es zu ziehen, vom

Festland zu entfernen begannen, geweint. Sie hatte geweint, ohne ihre Tränen zu zeigen, denn er war Chinese, und es gehörte sich nicht, um diese Art von Liebhabern zu weinen. Ohne ihrer Mutter und ihrem kleinen Bruder zu zeigen, dass sie Kummer hatte, ohne irgend etwas zu zeigen, wie es zwischen ihnen üblich war. Sein großer Wagen stand da, lang und schwarz, vorne der Chauffeur in Weiß. Er stand etwas abseits vom Parkplatz der Messageries Maritimes, allein. Sie hatte ihn an diesen Merkmalen erkannt. Auf dem Rücksitz, diese kaum wahrnehmbare Gestalt, die reglos dasaß, niedergeschmettert, das war er. Sie stützte sich auf die Reling wie beim erstenmal auf der Fähre. Sie wusste, dass er zu ihr hersah. Auch sie sah zu ihm hin, sie konnte ihn nicht mehr erkennen, doch sie sah immer noch zur Form des schwarzen Automobils hinüber. Und dann, zuletzt, sah sie sie nicht mehr. Der Hafen verschwand und danach das Festland."

Während ich in Gedanken versunken bin, radelt mich Sok zur Vo Van Tan-Straße, wo ich einige Stunden im „Museum für amerikanische Kriegsverbrechen" verbringe. Ich lese die englischen Hinweisschilder an den Artilleriegeschossen, Bomben und Infanteriewaffen – Zeugnisse eines grauenvollen Krieges. Lange sehe ich mir ein unscharfes Schwarzweißfoto an: Es zeigt einen Vietcong-Soldaten, der aus einem Helikopter gestoßen wird. Er hatte sich geweigert, mit dem Feind zu kooperieren.

Wir passieren die Giac Lam-Pagode aus dem Jahr 1744. Ich laufe durch die kleinen Innenhöfe zu dem mit blauen und weißen Porzellanfliesen dekorierten Hauptgebäude der ältesten Pagode Saigons. Als ich zum *Cyclo* zurückkomme, macht mich Sok auf die reich geschmückten Gräber verstorbener Mönche neben dem Eingang aufmerksam.

Wir fahren zurück in die Stadtmitte, wo ich im kolonialen, prunkvoll mit bunten Kacheln und Mosaiken verzierten Hauptpostamt ein paar Briefe aufgebe. Mein Blick fällt auf die gegenüberliegende Kathedrale Notre Dame, deren beide etwa 40 Meter aufragenden, von Eisenspitzen gekrönten Türme die Silhouette der Stadt dominieren. Gemächlich fährt mich Sok durch die Dong Khoi-Straße.

„Unter den Franzosen hieß sie Rue Catinat", klärt er mich auf.

Klar, fällt es mir wie Schuppen von den Augen, da drüben, auf der Terrasse des Hotel Continental hat sich in den fünfziger Jahren Graham Greene zu seinem Welterfolg inspirieren lassen.

„Es heißt, er sei täglich da gewesen, um seinen Tee zu trinken", ergänzt Sok.

Kurz vor fünf Uhr nachmittags setzt er mich vor der kambodschanischen Botschaft ab. Ich bezahle und bekomme meinen Pass samt Visum zurück.

Schon eine Zeitlang sind mir die vielen, nagelneuen Mopeds der Jugendlichen im Stadtbild von Saigon aufgefallen. Auf dem Rückweg zum Hotel frage ich Sok, wie sich die jungen Leute derartige Nobelzweiräder leisten können.

„Sie verschulden sich", meint er kopfschüttelnd. „Ein neues Moped kostet etwa 3000 Dollar, die auf Raten abgezahlt werden. Viele Jugendliche verpflichten sich so auf Jahre hinaus, wissen gar nicht, auf was sie sich da einlassen. Ein Unfall und das Moped ist Schrott. Doch die Schulden bleiben!"

Die Sonne ist bereits untergegangen, als ich das Hotel betrete. Ich beschließe, heute früh zu schlafen und gehe nur noch ins nahe Zen-Café, um meinen knurrenden Magen mit Spaghetti und einer eisgekühlten Cola zufrieden zu stellen.

Am nächsten Morgen bin ich bereits um sechs Uhr hellwach. Ich schiebe meine Aufgekratztheit auf die bevorstehende Fahrt nach Kambodscha. Ich hatte schon während einiger früherer Reisen in Südostasien vor, dieses Land zu besuchen. Doch immer wieder durchkreuzten neue Meldungen über Bürgerkriege, Aufstände und Entführungen westlicher Touristen meine Pläne.

Hier in Vietnam hatte ich mich täglich vergewissert, wie die momentane Situation im Nachbarland ist. Den letzten Stand der Dinge hörte ich gestern von zurückkehrenden Reisenden:

„Alles ruhig und – bis auf nächtliche Schüsse – recht friedlich!"

Diesmal wollte ich mein Vorhaben durchziehen. Im Sinh-Café bekomme ich schon um sieben Uhr morgens einen duftenden *Café au lait*. Hier buche ich auch meine Weiterfahrt zur kambodschanischen Grenze. Der Angestellte kennt mich schon und fragt mich lachend, wo es denn diesmal hingehen soll.

„One way zur Grenze", erwidere ich und lege ein paar Dong-Scheine auf den Schreibtisch.

„Keine besonderen Vorkommnisse drüben", sagt er und schiebt mir das Ticket zu.

An meinem letzten Tag will ich Cholen erkunden, das Chinesenviertel von Saigon. Fast auswendig kenne ich schon die einzelnen Textpassagen im *Liebhaber*, als die junge Französin ihrem chinesischen Geliebten folgt:

„Es ist in Cholen. Gegenüber den Boulevards, die das Chinesenviertel mit dem Zentrum von Saigon verbinden, diesen großen Straßen im amerikanischen Stil, durchfurcht von Straßenbahnen, Rikschas, Bussen. Es ist

früh am Nachmittag. Sie ist dem vorgeschriebenen Spaziergang der Pensionatsschülerinnen entwischt.

Es ist eine Wohnung im Süden der Stadt. Modern, auf die Schnelle möbliert. Es ist dunkel in diesem Raum, sie bittet nicht, die Jalousien hochzuziehen. Sie ist ohne ein bestimmtes Gefühl, ohne Hass, auch ohne Abscheu, dann ist vermutlich schon Begehren im Spiel. Sie kennt es noch nicht. Sie hat sofort eingewilligt, mitzukommen, als er sie am Abend zuvor darum bat."

Mich stimmt der Abschied wehmütig. Ein Land zu verlassen und ein neues zu betreten verursacht in mir die schon altbekannte Melancholie, der ich mich nicht entziehen kann. Eigentlich versuche ich es auch überhaupt nicht, sondern genieße die Stunden der stillen Sehnsucht nach den Begegnungen und Erlebnissen der letzten Tage und Wochen.

Ich liege im Bett. Durch die halb geschlossenen Jalousien fällt fahles Mondlicht auf das weiße Leinentuch. Wie aus weiter Ferne tönt der Lärm der vorüber fahrenden Autos und Mopeds zu mir herein.

Sehr bald schon wird sich die Stadt in einen abgasverseuchten Moloch verwandeln, und nur die einst halbzerfallenen und nun restaurierten Fassaden einzelner Gebäude, Häuser und Villen werden an die koloniale Dekadenz des Indochinas vergangener Jahrzehnte erinnern. Wird es gelingen, den Charme des *déjà vu* – wenn auch nur ansatzweise – langfristig zu bewahren?

Das Leben hier ist schneller als anderswo. Besonders die jungen Leute streben westlichen Idealen nach, die mit dem Verlust jahrhundertealter Traditionen einhergehen. Gedanken und Sorgen machen sich darüber nur die Älteren, die den Fortschritt zwar fürchten, sich aber dem allgemeinen Zeitgeist nicht verschließen können. Einen der furchtbarsten Kriege in der Geschichte der Menschheit haben sie nur durch zähe Ausdauer und den ungebrochenen Glauben an sich selbst überleben können. Kommt nun eine neue Macht auf sie zu, die sie unweigerlich in die Knie zwingen wird?

In nur wenigen Jahren wird die Metropole Südvietnams, die einst Schriftsteller zu Meisterwerken der Weltliteratur inspirierte, Bangkok oder Singapur in nichts mehr nachstehen. Die Menschen hier sind ehrgeizig, fleißig und arbeitsam. Ganz Vietnam wird durch sein beispielhaftes Humankapital und den immensen Chancen für ausländische Investoren nahtlos in den asiatischen Wirt-schaftsprozess eingegliedert werden. Auch dieses Land wird den immer noch vorhandenen Schleier des Vergangenen bald abstreifen, und sich, wie die unzähligen Geckos an den Wänden des Rathauses von Saigon, ein neues Kleid zulegen. Eigentlich schade! Über diesen Gedanken schlafe ich schließlich ein.

Kambodscha – Nation der Extreme

Am nächsten Morgen bin ich spät dran, packe hastig meine Sachen zusammen und warte am verabredeten Treffpunkt auf den Minibus zur Grenze. Die Fahrt zum Städtchen Moc Bai verläuft ebenso reibungslos wie die anschließenden Grenzformalitäten. Ich weiß, was nun zu tun ist. Es ist immer dieselbe Prozedur: Nämlich, sich einen einheimischen Fahrer zu suchen, um nach Phnom Penh zu gelangen. „Taxis" gibt es überall. Ein Armeeangehöriger in Zivil bietet mir seine Dienste an. Tatsächlich sieht seine *Hyundai*-Limousine nagelneu aus. Ich beschließe, auf weitere Mitfahrer zu warten. Es dauert nicht lange, und ich nehme mit einem deutschen Pärchen auf der Rücksitzbank Platz, während der Beifahrersitz für einen Landsmann reserviert ist. Wir „Westler" zahlen für die etwa vierstündige Fahrt in die Hauptstadt ein paar Dollar. Der Einheimische wird gratis mitgenommen.

Mit den Deutschen komme ich gleich ins Gespräch. Jan ist aus Dresden und Ulrike aus Regensburg. Beide haben sich für das „Abenteuer Südostasien" ein Freisemester genommen. Ihr Traum ist die Rückfahrt mit der Transsibirischen Eisenbahn von Peking nach Moskau in wenigen Monaten. Alles sei bereits gebucht und bezahlt, denn im Sommer wären die freien Plätze in der *Transsib* schnell weg. Jan zeigt mir die Fahrkarten, und ich gerate ins Schwärmen, denn diese Fahrt einmal selbst zu unternehmen ist auch schon immer mein großer Traum gewesen. Leider werden Ulrike und Jan die Fahrt nicht antreten können, da ihre Tour ein trauriges Ende nehmen wird. Doch davon erfahre ich erst viel später.

Wir rasen über holprige Landstraßen, vorbei an einfachen Hütten und Feldern mit Bauern und Wasserbüffeln. Kinder stehen am Wegrand, und als sie unsere „weißen" Gesichter erblicken, winken sie uns ausgelassen zu und rufen Worte in einer für uns unverständlichen Sprache.

Unser Fahrer fährt wie ein Wahnsinniger, redet keinen Ton und verbirgt sein Gesicht hinter einer großen Sonnenbrille. Der *Ray Ban*-Schriftzug auf dem linken Glasrand ist schon halb abgeblättert. Ich kann nicht umhin, darauf zu warten, dass etwas Schreckliches passiert. Krampfhaft versuche ich an etwas anderes als an ein überfahrenes Kind, einen streunenden Hund, der die Straße kreuzt, oder an die Kollision mit einem Ochsenkarren zu denken.

Wo habe ich nur gelesen, dass es in Kambodscha die gefährlichsten Autofahrer überhaupt gibt? Ambulanzen und Rettungsdienste sind außerhalb von Phnom Penh kaum vorhanden. Bei diesem Gedanken wird mir richtig übel. Vermutlich dauert es hier auf dem Land etliche Stunden, bis Verletzte in Krankenhäuser transportiert werden können, wo die Notversorgung ebenfalls minimal ist.

Schweißgebadet kommen wir schließlich doch heil an. Von irgend jemandem wurde mir Bert´s Books & Guesthouse als Unterkunft empfohlen. Das Zimmer ist düster und verwahrlost, mit riesigen Spinnweben an den Ecken der vergilbten Tapeten. Doch ich bleibe, denn allmählich wird es dunkel, und ich habe keine Lust, mich den Gefahren des nächtlichen Phnom Penhs allzu leichtfertig auszusetzen. Im Aufenthaltsraum treffe ich Bert, einen Amerikaner, der sich durch eine zügellose Leidenschaft für Bücher auszeichnet. Das ganze Haus ist beladen mit Literatur in allen Sprachen. Außerdem gibt es einen E-Mail-Anschluss, so dass trotz des ganzen Chaos einige Touristen angezogen werden.

Ich fühle mich erschöpft, vielleicht auch etwas krank, und beschließe, bald schlafen zu gehen. Gleich morgen früh möchte ich weiter nach Siem Reap, um endlich Angkor Vat, den Höhepunkt meiner Kambodscha-Reise, zu sehen. Es gibt drei Möglichkeiten, nach Siem Reap zu kommen: davon ist die einfachste und zugleich langweiligste die, mit einer Propellermaschine von Kampuchean Airlines zu fliegen. Oder eben mit dem Boot über den Tonlé Sap-See zu fahren, was jedoch etwa zwei Tage in Anspruch nehmen würde und am unsichersten ist. So entscheide ich mich für die dritte Alternative: Mit einem Schnellboot von Phnom Penh aus den Tonlé Sap-Fluss hinauf, um dann den gleichnamigen See zu überqueren. Das würde nur wenige Stunden dauern. Aufgrund der hohen Geschwindigkeit der Boote sei die Möglichkeit, durch Gewehr- oder Granatschüsse verletzt zu werden, äußerst gering. Denn immer noch gäbe es Zwischenfälle dieser Art, so habe ich mir zumindest sagen lassen.

Schon recht bald bin ich am nächsten Morgen am Flussufer. Das kleine Boot ist rasch voll. Jeder Platz ist in Windeseile belegt. Auch bei den Einheimischen scheint es sich als Transportmittel großer Beliebtheit zu erfreuen. Mir und den wenigen anderen Touristen wird von der Besatzung geraten, während der Fahrt nicht nach draußen an Deck zu gehen. Wir fragen nicht lange nach und befolgen diesen Rat. Tatsächlich kommen wir ohne Zwischenfälle am anderen Seeufer nach etwa vier Stunden an. Dort erwartet uns eine Überraschung: Zahllose Mopedfahrer schlagen sich fast um die wenigen Touristen, denen sie eine Fahrt ins nahe Siem Reap anbieten.

Bald erfahre ich auch den Grund: Eigentlich geht es weniger um die Einnahmen aus dieser Fahrt, sondern vielmehr um die Kommission des Gasthauses und vor allem um den lukrativen Job eines „Taxifahrers“ für mehrere Tage zu den Tempelanlagen von Angkor Vat. Jeder dieser jungen Männer mit ihren mehr oder minder neuen Mopeds wartet auf die Chance, einen Touristen für mehrere Tage fahren zu dürfen. Da bleiben Handgreiflichkeiten und barsche Worte natürlich nicht aus. Schließlich sitze ich auf dem Rücksitz eines Mopeds. San, der junge Fahrer, macht auf mich einen höflichen Eindruck. Nach wenigen Kilometern auf einer provisorischen Straße durch den Dschungel spüre ich vereinzelte Regentropfen. Sie sind die Vorboten eines tropischen Platzregens. Ich bitte ihn, anzuhalten und gemeinsam, samt meinem Gepäck, warten wir unter einem Holzverschlag das Ende des Regengusses ab.

„Brauchst du einen Fahrer für Angkor?“, stellt er mir die schon längst überfällige Frage.

Ich habe keine Lust, mich im Moment schon festzulegen und verneine sein Anliegen. Dafür kann er mich zum Gasthaus fahren und die Kommission kassieren. San ist glücklich. Nun bin ich gespannt, ob Johanna bereits in Siem Reap eingetroffen ist. Bei unserem letzten Wiedersehen in Vietnam hatten wir eine bestimmte Unterkunft als Treffpunkt vereinbart. Ganz vage nur, so wie es eben unter Travellern üblich ist!

„Sie ist noch draußen bei den Tempeln“, sagt mir Prayut, der Manager vom Apsara Angkor-Gasthaus.

Na gut, wenigstens habe ich sie gefunden, denke ich mir im Stillen. San freut sich über die zwei Dollar, die ich ihm für die Fahrt gebe. Außerdem steckt ihm Prayut noch etwas zu. Schließlich hat er seinem Etablissement einen neuen Gast beschert.

In einem nahen Lokal gehe ich eine Nudelsuppe essen. Der beschaulichen und ruhigen Kleinstadt merkt man ihre 50 000 Einwohner kaum an. Ich schaue auf den Fluss, der unter hohen, weit ausladenden Bäumen dahin fließt. Hier herrschen jetzt fast paradiesische Zustände. Doch diese Art von Frieden gab es in der Vergangenheit nicht.

Unter der Herrschaft der Roten Khmer, die im April 1975 anfing, wurden alle Einwohner der Stadt aufs Land getrieben. Damit begann das neue Regime mit einer der gesellschaftlich radikalsten und brutalsten Umstrukturierungen, die jemals unternommen wurden. Das fanatische Ziel war, Kambodscha in eine maoistische, bauerngeführte Agrarkooperative umzuwandeln. Innerhalb von nur zwei Wochen wurden alle Städter – einschließlich der Menschen in den Krankenhäusern – gezwungen, in ländliche Gebiete zu marschieren, um dort wie Sklaven in mobilen Arbeitskommandos zu arbeiten. Sie mussten täglich zwölf bis fünfzehn Stunden Feldarbeit verrichten oder Bewässerungskanäle graben. Ungehorsam jeglicher Art endete meist mit der sofortigen Exekution. Den Beginn ihrer Herrschaft proklamierten die Roten Khmer als das Jahr Null. Mit der Abschaffung des Geldes und Einstellung der Post wurde das gesamte Land völlig von der Außenwelt isoliert.

Innerhalb der nächsten vier Jahre wurden mehrere hunderttausend Landsleute zu Tode gefoltert oder hingerichtet. Besonders schlimm traf es die Kambodschaner der Mittelklasse und sämtliche Intellektuelle. Sie wurden als Parasiten gebrandmarkt, weil sie eine Fremdsprache gelernt hatten oder Brillen trugen. Nicht einmal mehr auf Französisch, der offiziellen Landessprache, durfte kommuniziert werden.

1978 erreichte das Gemetzel seinen traurigen Höhepunkt: Unzählige als Verräter oder vietnamesische Spione bezichtigte Menschen wurden rücksichtslos getötet. Weitere Hunderttausende starben an Mangelernährung, Krankheiten und Misshandlungen. Insgesamt mussten zwischen 1975 und 1979 mindestens eine Million Menschen, etwa ein Fünftel der Gesamtbevölkerung, aufgrund dieser Schreckensherrschaft ihr Leben lassen. Tatsächlich gibt es heute kaum eine Familie im ganzen Land, die keine Opfer zu beklagen hat.

Erst mit dem Einmarsch der Vietnamesen im Jahr 1979 wurden die Roten Khmer und ihr zu trauriger Berühmtheit gelangter Führer Pol Pot nach Westen in die Berge und Dschungelgebiete nahe der Grenze zu Thailand vertrieben. Von dort aus führte er mit seiner auf 5000 Mann geschätzten Privatarmee auch weiterhin den Kampf gegen die neuen Herrscher. Zahllose Terrorkommandos sorgten bei Einheimischen und Touristen gleichermaßen für Angst und Schrecken.

Während der letzten Jahre war daher das Land für den Tourismus fast tabu. Pol Pot und seine Truppen wurden immer wieder finanziell von den Thais und Chinesen unterstützt. Im Gegenzug sollen enorme Mengen an Tropenhölzern und Opiaten die Grenzen passiert haben. Doch welche Rolle die beteiligten Regierungen letztendlich gespielt haben, konnte nie ganz geklärt werden. Das Wissen um Schiebereien und Bestechungsgelder innerhalb dieser Grauzone mussten nicht nur führende Politiker mit dem Leben bezahlen. Immer wieder sorgte Pol Pot mit Spekulationen um seinen angeblichen Tod für neue Unruhen, Attentate und Anschläge. Offiziell wurde sein Ableben erst im Frühjahr 1998 bestätigt.

Während ich meinen Gedanken nachhänge, bestelle ich mir ein Glas *Toek ampoew* – frisch gepressten Zuckerrohrsaft. Ich habe Glück, denn im Moment ist die Situation im Land ruhig. Sonst hätte ich diese Reise bestimmt nicht wagen können. Immer noch gibt es Vergeltungsschläge der so genannten *Hardliner*, die bevorzugt auf Züge oder öffentliche Institutionen gerichtet sind. Ich erinnere mich an das Gespräch mit Gah, einer kambodschanischen Englischstudentin, deren Geschwister in einem explodierenden Eisenbahnwaggon ums Leben kamen.

„Bei einem Anschlag trifft es meistens die beiden ersten Wagen. Im Normalfall bleiben sie daher leer. Trotzdem werden sie von den Bauern benutzt, da die Fahrt in ihnen nichts kostet. Und meine zwei Schwestern kamen gerade vom Markt zurück, wo sie Gemüse verkauft hatten", berichtete mir das Mädchen.

Viel mehr wollte sie dazu nicht sagen. Nur noch, dass der Tod der beiden ihr Leben total verändert hätte.

Das Wunder im Dschungel

Am Abend treffe ich Johanna. Sie ist aufgekratzt und schwärmt unaufhörlich von Angkor Vat. Bereits zwei Tage hat sie in den verschiedenen Tempelanlagen zugebracht. Ich möchte morgen mit der Besichtigung beginnen. Schon den ganzen Tag über quälen mich dumpfe Ohrenschmerzen, fühle ich die ersten Anzeichen einer aufziehenden Grippe. Vielleicht habe ich doch einen Zug auf dem Schnellboot abbekommen! Johanna überredet mich, mit ihr in einem nahen Restaurant *Trey ondei* essen zu gehen. Eigentlich soll das gegrillte Fischgericht mit der süßsauren Sauce und den grünen Mangoscheiben hervorragend schmecken, doch ich habe keinen rechten Appetit. Ich möchte nur noch ins Bett. Als ich endlich unter das Moskitonetz krieche, bin ich schon so müde, dass ich die zahllosen, wild durchs Zimmer fliegenden Käfer außerhalb meines sicheren Netzes gar nicht mehr bemerke.

Am nächsten Morgen kommt Johanna völlig entnervt in mein Zimmer.

„Die vielen Insekten", stöhnt sie. „Bitte, ziehen wir um!"

Ich fühle mich wie betäubt, denn ich spüre kaum mehr meine rechte Gesichtshälfte. Außerdem habe ich starke Ohrenschmerzen. Krank zu sein kann ich mir jetzt nicht erlauben, schließlich bleiben mir nur wenige Tage für Kambodscha. Apathisch packe ich meine Sachen zusammen.

„Der Geheimtipp hier heißt Mom´s Guesthouse", sagt sie.

So machen wir uns also auf den Weg zu Mom. Unterwegs zwingt mich meine fürsorgliche Begleiterin an einer Apotheke – nein, eher einem Bretterverschlag mit ein paar Holzregalen voller Tablettenschachteln, Cremes und Pillendöschen – Halt zu machen. Der Inhaber spricht weder englisch noch französisch. Johanna deutet auf mein Ohr und verzieht dabei schmerzvoll das Gesicht. Schon erhalte ich Ohrentropfen und einige lose verpackte Aspirin. Zufrieden bringt sie mich nun zum neuen Domizil. Die Zimmer sind sauber und jeweils mit einem kleinen Bad ausgestattet. Mein Quartier besticht durch eine grellrosa, schon leicht abgeblätterte Blümchentapete, lachsfarbene Bettwäsche und einem Michael Jackson-Poster am einfachen, hellbraunen Wandschrank. Ich träufle mir die Flüssigkeit in beide Ohren, genauso, wie es in der französischsprachigen Packungsbeilage steht.

„Stopfe dir zwei Watteböllchen in die Ohren, auf dem Moped zieht es!"

Johanna duldet keinen Widerspruch. An der Rezeption wird mir ein „Taxifahrer" empfohlen. Doch ich buche ihn nicht gleich für die ganze Besichtigungstour, sondern erst einmal nur für den heutigen Tag.

„Ich will mir seinen Fahrstil ansehen!"

Johanna nickt zustimmend. Mit ihrem Fahrer ist sie bis jetzt zufrieden. Sie zahlt ihm sogar etwas weniger als den üblichen Tagessatz. Typisch Johanna! Ich zahle Pann den vollen Preis, denn zum Feilschen habe ich im Moment überhaupt keine Lust. Schon bald werde ich feststellen, dass ich mit ihm als Fahrer keinen Fehler gemacht habe. Er fährt sehr umsichtig und sicher und dient mir sogar auch hin und wieder als Dolmetscher.

Nachdem wir die Stadtgrenze passiert haben, gelangen wir zu einem Bretterhäuschen. Hier werden die Besuchertickets für die Tempel verkauft.

„Nimm den Drei-Tage-Pass, damit kannst du alles besuchen", rät mir Johanna.

Ich lege den stolzen Betrag von 40 Dollar auf den Tisch und erhalte das begehrte Sesam-öffne-dich zum größten sakralen Bauwerk der Welt. Heute ist Johannas letzter Besichtigungstag. Ich möchte nur einen kurzen Blick auf Angkor Vat werfen, bevor ich morgen den ganzen Tag mit der Erkundung verbringen werde. Johanna ist einverstanden, denn obwohl sie schon zweimal da war, kann auch sie sich der Mystik dieses alten Heiligtums mitten im Dschungel nicht verschließen.

Die gut ausgebauten Straßen werden an beiden Seiten von dichtem Urwald flankiert. Für eine kurze Zeit verschluckt uns fast das satte tropische Grün. Ab und zu hören wir Vogelstimmen, die jedoch sofort wieder vom unaufhörlichen Knattern der Mopeds übertönt werden.

Und dann wird der Traum plötzlich wahr. Der Dschungel lichtet sich und hervor tritt majestätisch Angkor Vat, die perfekte Nachbildung des Universums, wie es in der hinduistischen Mythologie eingehend beschrieben wird. Wir halten an und laufen über die Brücke, die den breiten Wassergraben davor überspannt. Ich blicke auf die exakt durchdachte Anordnung von Höfen, Portalen, Galerien und Zinnen innerhalb der verschiedenen Ebenen mit den bekannten fünf Türmen. Doch dafür habe ich morgen noch genügend Zeit, denn Johanna möchte unbedingt an ihrem letzten Tag noch Angkor Thom und Bayon sehen. Ich bin einfach nur glücklich, jetzt da gewesen zu sein.

Als wir durch das Stadttor nach Angkor Thom, der „großen Hauptstadt", hineinfahren, wird mir zum ersten Mal richtig bewusst, dass ich mich hier inmitten der wahren Seele des Khmer-Volkes aufhalte. Globetrotter, Kunstreisende und sogar Kulturbanausen – alle geraten unweigerlich beim Anblick der zahllos erscheinenden Tempel, ihrer einzigartigen Architektur und der romantischen Lage inmitten des verschwenderischen Urwaldes ins Schwärmen.

Grotesk erscheint mir die Tatsache, dass diese paradiesischen Zustände dem zwanzigjährigen grausamen Bürgerkrieg zu verdanken sind. Ansonsten wäre die Gegend mit Sicherheit bereits zur antiken Konsumlandschaft mit der totalen Vermarktung ihrer Altertümer, wie im benachbarten Thailand, degradiert worden.

In Angkor Thom lebten im Jahr 1200 überwiegend Priester, Beamte und Militärpersonal. Dem letzten großen König von Angkor, Jayavarman VII., diente die Stadt als Verwaltungszentrum seines gesamten Reiches.

Wir passieren in Stein gehauene Götter und Dämonen zu beiden Seiten der Straße. Prann hält an, um mir die unterschiedlichen Charakterdarstellungen zu erklären. Er deutet auf einen Dämon.

„Schau dir den grimmigen Gesichtsausdruck unter dem Helm genau an. Dagegen strahlen die Götter mit der kegelartigen Kopfbedeckung ungetrübte Heiterkeit aus."

Ich betrachte mir die aus dem grauen Fels gehauenen Meisterwerke. Wie fein die Gesichtszüge gearbeitet sind. An den Reliefs fallen mir die religiösen und alltäglichen Szenen auf. Ausdrücke von Trauer, Melancholie und Glück sind perfekt auf diesen Antlitzen dargestellt.

„Das hier ist eine Apsara!"

Prann deutet auf die liebliche Gestalt einer Tempeltänzerin mit vollen Brüsten und einem Lächeln auf ihren in Stein gemeißelten Lippen. Ihr werde ich auch in Angkor Vat wieder begegnen, denn die Apsaras sind untrennbar mit der Entstehungsgeschichte Kambodschas verbunden.

Ganz Angkor wurde durch Zerstörung und Kunstraub arg zugesetzt. Trotzdem verwüsteten die Roten Khmer weit weniger, als bisher angenommen wurde. Auch sie schienen die Tempel als ihr kulturelles Erbe zu betrachten und in Shiva, dem hinduistischen Gott der Zerstörung, dem die meisten Heiligtümer gewidmet sind, einen heimlichen Verbündeten zu sehen. Ihr Vandalismus beschränkte sich nur auf buddhistische Symbole wie Buddhastatuen und Pagoden.

Wir fahren weiter in Richtung Bayon. Aus der Ferne wirkt der Tempelberg wie ein massiver Felsklotz inmitten der Wildnis des Dschungels. Als wir näherkommen, entpuppt er sich als architektonisches Meisterwerk mit verschachtelten Galerien, filigranen Flachreliefs und einem Durcheinander an verwinkelten, dunklen Räumen voller Buddhareliquien. Am beeindruckendsten jedoch sind zweifelsohne die etwa 200 gewaltigen, in Stein gehauenen Gesichter, die auf uns mit ihrem erstarrten, eiskalten Lächeln herabblicken. Wie mag sich wohl der Franzose Henri Mouhot im Jahre 1860 bei der Entdeckung dieser geheimnisvollen Urwaldstadt gefühlt haben?

„... Es ist größer als alles, was uns von den Griechen oder Römern erhalten geblieben ist", wird er später in seinem Reisetagebuch vermerken.

Während unsere beiden Fahrer unter schattigen Bäumen warten, krieche ich mit Johanna durch die verwinkelten Gänge des Bayon. Wir gelangen zu einer riesigen Empore, an deren vier Seiten lange Flachreliefs Begebenheiten aus dem Alltag des frühen Angkorreiches erzählen. Johanna blättert in ihrem Reiseführer.

„Die Themen hier entstammen vor allem den vielen militärischen Schlachten und den zwei indischen Epen Mahabharata und Ramayana", klärt sie mich auf. Tatsächlich sind diese „antiken Comicstrips" so interessant, dass wir lange davor verweilen. Ihren Schöpfern ist es gelungen, das damalige Leben anschaulich zu dokumentieren. Die Stille wird nur durch das unentwegte Klicken von Johannas Kamera unterbrochen. Sie fotografiert wie ein Weltmeister. Doch diese Leidenschaft kenne ich bereits von unseren Erkundungstouren in Vietnam.

Erst nach Sonnenuntergang kehren wir zu Mom zurück. Den ganzen Tag über hatte die Taubheit meiner Gesichtshälfte und auch das Pochen in den Ohren nachgelassen. Allmählich fühle ich eine erneute Attacke auf mein Wohlbefinden. Schnell nehme ich die Tropfen und schlucke zwei Aspirin. Heute abend wollen wir im Restaurant Bayon, angeblich dem besten in Siem Reap, so richtig Abschied feiern.

Wir entscheiden uns für *Samlor matchu,* eine pikante Hühnersuppe, die so reichhaltig ist, dass wir bereits nach der Hälfte satt sind. Trotzdem gönnen wir uns nach einer kleinen Pause noch Ansam chruk, Reisbällchen mit Bananen, zum Nachtisch. Auch das schmeckt hervorragend. Während Johanna packt, sitze ich bei Mom auf der Terrasse und lese im Lonely Planet das Kapitel über Angkor Vat, meinem morgigen Tagesziel.

Kurz nach acht Uhr am nächsten Morgen bin ich hellwach. Weder Insekten noch das Zirpen der Grillen haben diesmal meinen Schlaf gestört. Wirkt etwa die Blümchentapete so abschreckend? Im hauseigenen Lokal trinken wir Kaffee. Johanna muss gleich los. Ihr Fahrer wartet schon, um sie zum See zu fahren. Dort will sie das Boot zurück nach Phnom Penh nehmen. Diesmal ist unser Abschied endgültig, denn schon morgen wird sie nach Bangkok fliegen, um von dort aus ihre Weltreise fortzusetzen. Die Verabschiedung ist kurz und sachlich. Johanna ist kein Mensch großer Worte. Trotzdem ist sie mir in den wenigen Tagen ans Herz gewachsen, und wir werden in Verbindung bleiben. Vielleicht wird uns das Schicksal ja noch einmal irgendwo auf der Welt zusammenführen?

„Vergiss nicht, deine Ohrentropfen zu nehmen!"

Sie schlägt mir mit einem Augenzwinkern leicht auf die Schulter und setzt sich auf den Rücksitz des wartenden Mopeds. Ich winke ihr nach, bis sie in der Ferne verschwunden ist.

Prann ist pünktlich. Den ganzen heutigen Tag möchte ich Angkor Vat erkunden. Dafür gebe ich ihm die nächsten Stunden frei. Wir verabreden nur den Zeitpunkt, an dem er mich am Abend abholen soll. Wieder betrete ich die sakrale Stätte über die den Wassergraben überspannende Brücke. Die breite Promenade zum Eingangsportal hin ist mit Souvenirverkäufern und Bettlern gesäumt. Mir fallen die vielen Kinder unter ihnen auf. Einigen fehlen Arme oder Beine – grausame Folgen der immer noch überall im Land verstreuten Minen. Ein kleines Mädchen humpelt auf mich zu. Ihr linkes Bein wird durch eine einfache Holzkrücke ersetzt. Sie verkauft bunte Postkarten. Weiter hinten sehe ich einen jungen Mann vor einer Plastikplane mit geschnitzten Figuren sitzen. Auch ihm fehlt ein Bein.

Die Überlebenden der Minenunfälle trifft es besonders schwer, da etwa 80 Prozent der Bevölkerung von körperlich harter Feldarbeit leben muss. Wer seine Arme und Beine nicht mehr zum Broterwerb einsetzen kann, ist auf die Almosen anderer angewiesen. Noch heute verseuchen drei bis vier Millionen Minen wertvolles Ackerland, Wälder und Sümpfe. Der Krieg hinterließ bisher rund 40 000 Menschen mit Amputationen. Von abgerissenen Gliedmaßen bis zu Kindern ohne Beine, die sich nur auf den Händen fortbewegen können, ist die ganze Bandbreite des Elends sichtbar.

Besonders gefährdet ist die Landbevölkerung. Dazu gehören Feuerholz suchende Frauen wie auch Vieh hütende Kinder und Männer, die in den Wäldern Bäume fällen. Ziel der Minenpolitik ist es nicht, die Opfer zu töten, sondern ihnen „nur" schwere Verletzungen zuzufügen, um so die Zivilbevölkerung und Soldaten mehr zu demoralisieren als es Tote tun würden.

Während der nächsten Stunden komme ich mir wie in einem Traum vor. Ich stelle mir vor, wie dieses majestätische Bauwerk von unzähligen Arbeitern unter der Anleitung König Suryavarmans II. Anfang des zwölften Jahrhunderts erbaut und dem hinduistischen Gott Vishnu geweiht wurde. Während mein Blick auf die fünf erhabenen Türme fällt, sehe ich die Arbeiter der vergangenen Jahrhunderte vor mir, wie sie hämmern und meißeln und gottähnliche Wunderwerke aus dem harten Gestein entstehen lassen. Ich laufe durch die halbdunklen Gänge und höre unermüdlich das Klopfen und die geknechteten Stimmen derer, die hier, mitten im dichten, feuchten Dschungel, ein Heiligtum errichten wollen. Wieder begegnen mir anmutige Apsaras, Buddhastatuen und die alten, schon vergessenen Legenden auf den längsten zusammenhängenden Reliefs der Welt.

Ich denke an Schlachtfelder voller Elefanten, einem vierarmigen Vishnu-Gott, der auf einem Garuda-Vogel reitet und gegen eine riesige Anzahl von Dämonen kämpft, und an die wunderschöne Sita, die von Affenkriegern beschützt wird. Auf der obersten Empore, direkt unterhalb der fünf Türme, lasse ich mich auf einer Steintreppe nieder. Durch einen Rundbogen kann ich auf die umliegenden Reisfelder, Wälder und Holzhäuser der Mönche hinunterschauen. Genau wie hier zwischen den historischen Ruinen scheint sich auch dort unten seit Jahrhunderten nichts geändert zu haben. Buddhistische Pilger besuchen die als riesige Mausoleen errichteten Tempel wie einst und erhoffen sich an diesen mystischen Orten die Lösung aller Probleme. In safrangelbe Roben gekleidete Mönche gehen ihren rituellen Aufgaben nach, und die Bauern bestellen mit Wasserbüffeln und hölzernen Pflügen ihre Reisfelder wie eh und je.

Für heute habe ich mir lediglich den Komplex von Angkor Vat vorgenommen. Das ist auch gut so, denn ich habe Zeit, mir die Details genauer ansehen zu können und hin und wieder mit einem Mönch zu plaudern. Spätnachmittags treffe ich Prann an der verabredeten Stelle. Er fährt mich zum Berg Phnom Bakheng, von wo aus ich den Sonnenuntergang erleben möchte.

Ich laufe den steilen Pfad nach oben und muss mich unterwegs immer wieder umschauen. Die Aussicht auf die fünf Türme von Angkor Vat, die sich fast unwirklich aus dem Tropenwald erheben und das silberne Glitzern des Tonlé Sap-Sees in der Ferne sind einfach zu überwältigend, um sie einfach ignorieren zu können. Als ich oben am Tempel ankomme, suche ich mir zwischen den wenigen anderen Besuchern einen ruhigen Platz, von dem aus ich ungestört beobachten kann, wie ein glutroter Feuerball hinter den Wipfeln der Urwaldbäume allmählich versinkt.

Meinen dritten und letzten Besichtigungstag widme ich Ta Prohm. Auch viel später noch, als ich schon längst wieder zu Hause bin und die vielen Dias betrachte, werde ich mich schwärmerisch an meinen Lieblingstempel erinnern.

Ta Prohm bedeutet Vergänglichkeit und Mystik zugleich. Mächtige Wurzeln kommen aus dem Nichts und umarmen im Würgegriff die Türme, Mauern, Fassaden und Portale dieser Urwaldstadt. Die grüne Hölle sprengt selbst die dicksten Wände, doch bewahrt sie sie auch gleichzeitig durch ihre Umklammerung vor dem Einsturz und sicheren Verfall. Der Mythos, Zerstörer und Erhalter in einem zu sein, wird hier wahr. Ein eigenes Kunstwerk, ohne die Hilfe des Menschen, ist hier geschaffen worden, nur durch die Vergänglichkeit der Zeit. Die Vergangenheit ist dabei zur Gegenwart geworden, einfach nahtlos in sie übergegangen. Wie dankbar bin ich doch den Archäologen, die beschlossen haben, eine Tempelstadt so zu belassen, wie sie sie bei ihrer Entdeckung vorgefunden hatten. Obwohl man sie damit auch unwillkürlich dem endgültigen Zerfall preisgibt.

Eindrucksvoll, bis in die kleinsten, mit Moos bewachsenen Ritzen der Mauern, wird hier Zeugnis von der Vergänglichkeit menschlichen Handelns und der Macht der Natur abgelegt. Auf meinem Streifzug durch die schattigen, mit riesigen Farnen bewachsenen Gänge begegne ich einer unbeschreiblich interessanten Tier- und Pflanzenwelt. Riesige Spinnen sitzen im Gestein und warten auf Beute. In der Ferne huscht eine giftgrüne Schlange zurück in das undurchdringliche Dickicht, und ein bunter Vogel behauptet seine Stellung auf einem steinernen abgeschlagenen Buddhakopf, der zwischen zwei Mauerspalten hängen geblieben ist. Kunsträuber oder Rebellen der Roten Khmer werden sich wohl seines Körpers bemächtigt haben. Wie stumme Zeugen blicken die weit aufgerissenen Pupillen der mandelförmigen Augen ins Leere, irgendwohin in die unermesslichen Tiefen jenseits des menschlichen Daseins.

Ich laufe weiter durch ein Labyrinth von einsturzgefährdeten Galerien, die nur halbherzig mit dicken Holzknüppeln abgestützt wurden. Wurzeln winden sich wie Schlangen vor meinen Füßen, und immer wieder muss ich zerfallenen, herabgestürzten Reliefs ausweichen, die inmitten von Kränzen aus dunkelgrünen Blättern zur Unsterblichkeit verdammt sind. Ganze Bäume wachsen aus den Fugen und Nischen der Gebäude hervor und breiten ihre Tentakeln wie riesige Kraken über dem Mauerwerk aus. Durch diese bizarren Bilder, die das einmalige Zusammenspiel aus uralter Zivilisation und überschwenglicher Natur hervorbringt, werde ich selbst gefühlsmäßig so überwältigt, dass ich mich wie einer der ersten Entdecker fühle. Mit diesem eindrucksvollen Erlebnis beende ich meine dreitägige Besichtigungstour.

Am nächsten Tag lasse ich mich von Prann aufs Land fahren. Etwa 13 Kilometer von Siem Reap entfernt besuche ich die Bauwerke der Roluos-Gruppe, die Ziegelsteintürme von Preah Ko, Bakong als Verkörperung des gesamten Universums und die Sandsteinreliefs von Lolei, die allesamt den Beginn der klassischen Khmer-Kunst im neunten Jahrhundert dokumentieren. Unterwegs treffen wir immer wieder auf einfache Holzhäuser auf Stelzen, die von Bauern bewohnt sind. Am Eingang zu den meisten Anwesen hängen bunte Schilder. Ich frage Prann, was es mit ihnen auf sich hat.

„Sie kennzeichnen die politische Gesinnung ihrer Bewohner. Dieser Bauer hier ist beispielsweise ein Anhänger der FUNCINPEC, dieser hier der CPP“, erklärt er mir die politische Haltung im Land, die so öffentlich und provokativ zur Schau gestellt wird.

Dabei erfahre ich, dass FUNCINPEC und CPP die beiden größten Parteien des Landes sind. Ich sehe, wie uns eine alte Frau am Straßenrand zuwinkt, und möchte anhalten und mit ihr reden. Sie lädt uns ins Haus ein. Bevor wir die Stufen zum Eingang hinaufsteigen, ziehen wir die Schuhe aus. Sie möchte wissen, wo ich herkomme, und Prann übersetzt für mich. Sie bietet uns Tee an, und obwohl mir die bitteren Kräuter darin nicht schmecken, trinke ich ihn. Sonst würde ich riskieren, sie zu beleidigen. Ich habe Zeit und wir verweilen. Prann unterhält sich viel mit ihr, und ab und zu lacht sie kurz auf, so dass ich die wenigen betelnussgefärbten Zähne sehen kann. Als ich das Gespräch auf die Zeit der Roten Khmer lenke, verstummt sie plötzlich. Dann redet sie weiter, hastig, ununterbrochen und erzählt vom verhängnisvollen Hunger, unter dem sie und ihre Familie gelitten hat.

„Damals wurde alles Essbare, das frei wuchs, als Volkseigentum betrachtet. Jeder Diebstahl wurde bestraft. Als meine beiden Jungs vor Hunger auf einen Mangobaum kletterten, um sich ein paar reife Früchte zu pflücken, hörte ich plötzlich Gewehrschüsse. Meine Kinder fielen tot vom Baum. Mit ihnen lagen die Mangos auf dem Boden. Der Schütze, ein

Soldat, war kaum älter als sie. Ich durfte meine Kinder nicht einmal begraben."

Von Prann erfahre ich, dass damals nur der Verzehr von Kröten und Ratten straffrei war, da es sich bei diesen nicht um Volkseigentum handelte.

Tief beeindruckt von dieser Begegnung lasse ich mich nach Siem Reap zurückfahren. Meine Zeit hier ist abgelaufen. Um alles von Angkor zu sehen, waren die vier Tage zwar ausreichend, aber nicht genug. Denn um das historische Ambiente und die einzigartige Atmosphäre ganz in sich aufzunehmen und zu fühlen, ist mehr Zeit notwendig. Deshalb möchte ich irgendwann einmal zurückkehren – zur Seele des Khmer-Volkes im dichten Dschungel.

Phnom Penh – eine Stadt im Umbruch

Schlaglöcher auf den Straßen, Einschussstellen an vielen Gebäuden, Villen im französischen Kolonialstil, fliegende Händler, die Baguettes verkaufen, und breite Alleen mit weit ausladenden Mangobäumen. Ich bin wieder in Phnom Penh und wohne im idyllischen Boeng Kak Lake-Gasthaus am gleichnamigen See. Weniger idyllisch ist allerdings mein Zimmer, das eher einer Einzelzelle ähnelt, die zu beiden Seiten durch Sperrholzplatten abgeteilt ist. Doch was will ich außer einem sauberen Bett und einem Moskitonetz ohne Löcher denn mehr? Dafür ist die Terrasse herrlich. Ausgestattet mit Tischen, einladenden Korbstühlen und bequemen Hängematten öffnet sie sich direkt zum See hin. Außerdem kocht Madame Tan, die gute Fee des Hauses, wunderbar, so dass am Abend alle Gäste auf der Terrasse sitzen und schmackhafte Hausmannskost genießen können. Keiner will auswärts essen gehen, denn, so wurde mir gesagt, Madame Tan koche am besten.

Nur drei Tage bleiben mir für die Stadt. Mit dem üblichen touristischen Pflichtprogramm, dem Abhaken bestimmter Sehenswürdigkeiten, will ich mich nicht mehr belasten. Viel lieber möchte ich über die aus allen Fugen brechenden Märkte schlendern, das alltägliche Treiben am Flussufer beobachten und Begegnungen und Gespräche mit den Menschen hier erleben. Phnom Penh ist noch keine vom Tourismus ausgelaugte Stadt wie etwa Bangkok und damit für mich auch der krönende Abschluss meiner Indochina-Reise.

Zuerst führt mich mein Weg zum Büro von Royal Cambodian Airlines, um meinen Rückflug nach Bangkok zu buchen. Problemlos erhalte ich die gewünschte Verbindung und mache mich nun auf den Weg zum Güterbahnhof. Ich habe eine Fotografie in der Tasche, auf der eine Familie, die Bewohner eines stillgelegten Waggons, abgebildet ist. Ein Freund in Deutschland hat mir das Bild mit der Bitte gegeben, es doch möglichst persönlich abzugeben. Bei seinem Besuch vor zwei Jahren hatte er diese Leute am Bahnhof kennen gelernt. Ich verspreche mir jedoch nicht allzuviel von diesem Vorhaben. Wer hält es schon zwei Jahre in einem Güterwaggon aus? Das Gelände ist fast menschenleer, nur vereinzelt huschen ein paar Gestalten zwischen den verlassenen Zügen hin und her. Mir ist schon etwas unheimlich zumute, als ich neben den verkommenen Gleisen entlanglaufe. Der besagte Waggon soll ganz hinten, am Ende des Geländes, stehen.

Als ich um die Ecke eines halbzerfallenen Schuppens biege, sehe ich eine junge Frau mit einem kleinen Mädchen gemeinsam Brennholz aufschichten. Ich zeige ihr das Foto. Ihre Miene erhellt sich, und sie bedeutet mir, ihnen zu folgen. Mit ihr und dem Kind laufe ich weiter, den nicht enden wollenden Gleisen nach. Unterwegs fällt mein Blick auf eine ausgebrannte Lokomotive und zwei Waggons mit ziemlich großen Löchern, die wahrscheinlich von einer Granate stammen.

Die Frau wirkt aufgeregt und zugleich erwartungsvoll. Das Mädchen und ich können ihr kaum folgen, so schnell eilt sie uns voraus. Dann ruft sie etwas in einen leeren Wagen hinein. Die erstaunten Gesichter einer alten Frau und eines jüngeren Mannes erscheinen an der Eisentür. Ich halte ihnen das Bild hin, und Mutter und Sohn erkennen sich darauf wieder. Ich sehe die Überraschung in ihren Augen, so, als ob das Foto ein Geschenk des Himmels sei.

Sie sprechen nur auf Khmer zu mir. Doch macht es mir nichts aus, sie nicht verstehen zu können. Ihre Gesten sagen genug. Ich scheine sie mit dem unerwarteten Mitbringsel sehr glücklich gemacht zu haben. Immer mehr Personen – offenbar der gesamte Familienclan – kommen aus dem Nichts herbei und bestaunen das Wunderwerk der Fotografie. Die Mutter sitzt wie eine Königin auf einem kleinen Schemel in der Mitte und wedelt sich mit einem Palmfächer Luft zu. Sie strahlt, und beim Lachen werden ihre vom Betelnusskauen schwarz gefärbten Zähne sichtbar. Mein Rückzug wird kaum bemerkt, und als ich mich noch einmal umdrehe, sehe ich etwa zehn Köpfe gleichzeitig über das Foto in den Händen der alten Frau gebeugt. Ich bin sicher, ihnen damit eine große Freude gemacht zu haben.

Ich laufe den Pochentong Boulevard entlang und treffe immer wieder auf halbzerfallene, im Jugendstil erbaute Villen, hohe blühende Bäume beiderseits der Promenaden und frische Baguettes an den Straßenecken. Die Relikte der französischen Kolonialzeit sind nicht zu übersehen und haben der Stadt ihren unverwechselbaren Stempel aufgedrückt. Plötzlich höre ich meinen Namen. Erst will ich mich gar nicht umsehen. Ich muss mich verhört haben. Als es jedoch ein zweites Mal zu mir herüberschallt, schaue ich mich suchend um. Tatsächlich entdecke ich einen kahlen Kopf, der sich weit aus einem Taxifenster herausbeugt. Zu ihm gehören zwei heftig winkende Arme. Earle! Ich hätte nie vermutet, ihn hier und heute zu treffen. Schnell nehme ich neben ihm auf dem Rücksitz des Taxis Platz.

„Mein Gasthaus wird dir gefallen", überzeuge ich ihn, und schon ändert der Fahrer die Richtung.

Auf der Terrasse trinken wir Lipton-Tee, und Earle schwärmt von der dritten Bootsfahrt mit Mama Hanh. Tatsächlich hat er die letzte Zeit nur in Nha Trang verbracht.

„Da gefällt es mir eben am besten. Ein toller Platz zum Relaxen", lautet seine banale Antwort.

Später berichtet mir Madame Tan von einem amerikanischen Rehabilitationszentrum im Wat Sarawan und drückt mir eine Visitenkarte in die Hand:

Seeing Hands Massage. Rehabilitation for Blind Cambodians. Shiatsu Massage. Excellent for relaxation, release of stress and tension.

Eine Anti-Stress-Massage würde mir nach den Anstrengungen der letzten Tage bestimmt sehr gut tun. Ich beschließe, mir den Tempelkomplex einmal genauer anzusehen. Vor der Tür treffe ich junge Fahrer mit ihren Mopeds, die auf Kundschaft warten. Ich führe ein schon bewährtes Ritual durch: erst den Preis aushandeln und dann aufsteigen. Dabei mit beiden Händen die Taille des Fahrers kurz umfassen und tasten, ob im Hosenbund oder am Gürtel eine Waffe versteckt ist. Irgendjemand hat mir diese Art von „Routinekontrolle" einmal empfohlen, und nun führe ich sie bei allen Ausflügen äußerst gewissenhaft und vom Fahrer unbemerkt durch. Bis jetzt habe ich zwar nie eine Waffe entdecken können, doch Vorsicht ist und bleibt mein oberstes Gebot.

Das Wat Sarawan liegt mitten im Stadtzentrum. In einem Anbau befindet sich das Reha-Zentrum. Ich gehe ins Büro hinein und sehe mich um. Eine Frau erklärt mir in gutem Englisch den Sinn dieses Projektes. Hier bekommen junge, blinde Kambodschaner, die meist Opfer des Krieges sind, eine fundierte Massageausbildung, die sich am traditionellen japanischen *Shiatsu*-Stil orientiert. Damit können sie sich ihren Lebensunterhalt sichern. Das

Ganze wird von einer amerikanischen Stiftung finanziert. Sie führt mich in den großen, hellen Behandlungsraum. An der Decke sorgen Ventilatoren für eine angenehme Kühle. Vor den etwa zehn Liegen stehen junge Frauen und Männer, die alle blind sind, und massieren.

„Wir sind fast immer ausgebucht", erklärt mir meine Begleiterin die vollbelegten Pritschen.

Die Kunden seien meist westliche Touristen oder Angehörige der Hilfsorganisationen, die hier eine Zeitlang leben. Mich fasziniert der eigenartige Massagestil, und ich beschließe zu warten, denn erst nach einer Stunde kann ich selbst an die Reihe kommen. Schließlich liege ich flach. Auch hier wird der gesamte Körper mit Leinentüchern abgedeckt, um beim Massieren jeglichen Hautkontakt zu vermeiden. Trotz dieser Maßnahme geht mir die Behandlung bis in die Knochen. Für ein paar Dollar habe ich eine ganze Stunde gebucht. Nach einer Weile geht die anfängliche Anspannung in entspanntes Wohlbefinden über. Alle, die hier arbeiten, sprechen ausgezeichnet Englisch. Ich komme schnell mit Pan, die mich behandelt, ins Gespräch. Eigentlich ist sie es, die zu fragen beginnt. Woher ich denn käme, wie ich heiße, wohin ich gehe – das übliche Wortgeplänkel, um den ersten Kontakt zu schaffen. Ich frage sie später nach dem Grund ihrer Blindheit.

„Ich kam während des Roten Khmer-Regimes auf die Welt – sehend. Meine Eltern wurden aufs Land vertrieben. Dort bekam ich eine schlimme Augeninfektion. Medikamente dafür gab es nicht", erzählt sie mir vollkommen emotionslos.

Am Abend esse ich mit Earle auf der Terrasse des Gasthauses. Madame Tan hat wieder gekocht. Er bestellt gleich zwei Portionen hintereinander.

„Gut und billig", murmelt er, während er am zweiten Steak kaut.

Dann relaxe ich in der Hängematte, mit einem Fuß am Boden, um den Schaukelmechanismus in Gang zu halten. Earle liegt in der größeren daneben und ist eingeschlafen.

„Nur noch zwei Tage kann ich bleiben", sage ich wehmütig zu ihm, als er die Augen öffnet.

„Du kommst bestimmt irgendwann wieder", antwortet er schlaftrunken.

Du hast gut reden, denke ich mir. Dein nächstes Ziel ist Burma, und dann willst du noch weiter nach Indien. Ich ertappe mich dabei, wie ich Earle um die Erlebnisse, die noch vor ihm liegen, beneide.

Das Trauma eines Volkes

Den nächsten Tag verbringen Earle und ich gemeinsam. Wir haben vor, uns mit der Geschichte dieses geknechteten Landes weiter auseinanderzusetzen.

Ein eindringliches Mahnmal seiner traurigen Vergangenheit ist das Tuol Sleng-Museum. In diesem ehemaligen Konzentrationslager wurden unter Pol Pot von 1975 bis 1979 etwa 20 000 Kinder, Frauen und Männer inhaftiert, gefoltert und anschließend auf den *Killing Fields* von Choeung Ek bestialisch ermordet.

Die frühere Schule wurde von den Schergen des Führers in die berüchtigte Folterkammer S 21 verwandelt. Exekutionen fanden hier keine statt. Trotzdem gibt es hinter dem Gebäude ein Massengrab, denn viele Inhaftierte überlebten die Gräueltaten nicht.

Während ich durch das Gebäude A laufe, sehe ich die geräumigen Einzelzellen mit den Metallpritschen, auf denen die Gefangenen angekettet lagen. Sogar noch beim Einmarsch der vietnamesischen Befreier wurden den letzten 14 Opfern hier die Kehlen durchgeschnitten. Ihre Gräber, nun Gedenkstätten, befinden sich im Hof.

An den Wänden des Gebäudes B hängen die Fotos zahlreicher Opfer. Fein säuberlich ist jedes einzelne numeriert und mit Namen versehen. Das Gebäude C ist ganz mit Stacheldraht verbarrikadiert. Diese Sicherheitsmaßnahme folgte auf den Selbstmord einer Frau, die sich in völliger Verzweiflung aus dem zweiten Stock herunterstürzte.

Im Gebäude D hängen erschütternde, authentische Bilder des Malers Henh Nath, der als einer der wenigen den Horror von S 21 überlebte. Die bunten Gemälde zeigen offene Gruben, vor denen sich die Menschen hinknien mussten, um mit Knüppeln und Hacken erschlagen zu werden. Dadurch sollte Munition gespart werden. Andere Werke zeigen Soldaten, die Kleinkinder in die Luft werfen, um sie dann mit der Bajonettspitze aufzufangen. Besonders makaber ist eine Landkarte aus gezeichneten Totenköpfen und die Darstellung des Tonlé Sap und des Mekong als blutverseuchte Gewässer. Der Besuch dieses Museums beeindruckt nicht nur mich sehr tief. Auch Earle schüttelt entsetzt den Kopf und schweigt dann für eine lange Zeit.

Auf Mopeds lassen wir uns zu den *Killing Fields* von Choeung Ek bringen. Diese „Todesfelder“ liegen ungefähr zwölf Kilometer vom Stadtzentrum entfernt auf ländlichem Gebiet. Das erste, was mir dort ins Auge sticht, ist ein Mausoleum, das im Stil einer Pagode errichtet wurde. Ich blicke durch die Glasscheiben ins Innere. Etwa 8000 Totenköpfe sind hier, säuberlich nach Alter und Geschlecht sortiert, aufgebahrt. Sie stammen aus den Massengräbern, die man 1980 geöffnet hatte, um die sterblichen Überreste in Würde beisetzen zu können. Mir fallen die zertrümmerten Schädeldecken auf.

„Erschlagen hat man sie, um keine Kugeln zu verschwenden“, meint Earle bitter, als er meinen intensiven Blick bemerkt.

Dann laufen wir übers Gelände, wo einfache Markierungen auf mehrere Grabstätten hinweisen. Auch die Anzahl der Toten und ihr Geschlecht sind vermerkt. Insgesamt wurden hier 10 000 bis 17 000 Menschen hingerichtet.

Wir gelangen zu zwei offenen Gruben und können unschwer Knochenreste und verblichene Textilfetzen erkennen. Die Atmosphäre ist schwer und bedrückend. Ohne ein weiteres Wort zu sagen, haben wir nur den einen Wunsch: möglichst schnell weg von hier und wieder zurück in die Stadt.

Wir lassen uns direkt zum Zentralmarkt fahren, denn Earle möchte seine Tüchersammlung mit einem typischen Sarong Sot, dem langen, bunten Seidentuch für Männer, aufstocken. Und dafür sei der Zentralmarkt die richtige Adresse, behauptet er. Vor dem Haupttor des 1936 im *Art Deco*-Stil erbauten gelben Gebäudes, in dem sich der Markt befindet, werden wir abgesetzt.

Sogar hier warten zahlreiche Bettler und verkrüppelte Minenopfer auf Almosen gebende Touristen. Das Elend schockiert, denn auch innerhalb des Marktes trifft man auf Einarmige oder Beinamputierte, die sich mühsam, auf einfache Holzstöcke gestützt, fortbewegen. Ein junger Mann robbt mit den Armen vorwärts und klimpert dabei mit einem Plastikbecher, den er in der Hand hält und in dem sich einige Münzen befinden. Ihm fehlen beide Beine. Das Warenangebot des Marktes ist schier unerschöpflich: Obst, Gemüse, Fisch, Fleisch, Spielzeug, Haushaltsartikel, Bücher, Videos und Fernseher – man verläuft sich fast zwischen den reichhaltig ausgestatteten Buden und Regalen. Eine Frau verkauft geröstete Heuschrecken und frische Bienenwaben als ganz besondere Delikatessen. Wir befinden uns mitten in einem Irrgarten. Earle eilt mir voraus.

„Da sind sie, ich habe sie gefunden“, ruft er mir zu.

Dann stehen wir vor einer riesigen Palette farbenfroher Sarongs.

„Dort sind die Sarong Sots."

Die Verkäuferin deutet auf einen Stapel weiter hinten, der für Männerkleidung reserviert ist. Earle muss wählen – zwischen Baumwolle oder Seide, ein- oder mehrfarbig.

„Wie gefällt dir der? – Was hältst du von dem?"
Ich versuche so gut wie möglich, ihm beratend bei der Qual der Wahl beizustehen. Schließlich entscheidet er sich für dunkelgrüne Seide mit einer Vielzahl an lila, orangefarbenen, hellblauen und tiefroten tropischen Blumenornamenten.

Unweigerlich muss ich mir Earle mit nacktem Oberkörper, seinem kahlen Kopf und dem kess um die Hüften geschwungenen Sarong Sot vorstellen.

„Wirklich sehr exotisch", kommentiere ich schmunzelnd seinen Kauf.

Bis spät in die Nacht sitzen wir noch auf der Terrasse des Gasthauses mit den anderen Gästen beisammen. Einer der Hauptgründe, warum wir am Abend nicht ausgehen, ist die Unsicherheit und Gefahr, die auf den nächtlichen Straßen von Phnom Penh lauert. Sobald die Sonne untergegangen ist, sollte man möglichst vermeiden, noch im Freien unterwegs zu sein.

Als wir später am Abend aus der Ferne Gewehrschüsse hören, blickt keiner mehr auf. Das ist der Alltag nachts in Phnom Penh, von dem die Touristen nichts mehr mitbekommen.

„Ach, wieder irgendwelche rivalisierenden Banden", beantwortet Madame Tan meine Besorgnis mit einem Achselzucken und geht in die Küche zurück.

Zufällig werde ich am nächsten Morgen beim Frühstück Zeuge eines Gespräches zwischen ihr und einem norwegischen Arzt. Ein deutsches Touristenpaar sei auf dem Weg in den Norden angeschossen worden, etwa 100 Kilometer von Phnom Penh entfernt, höre ich. Beide seien hier Gäste gewesen. Als ich nachfrage, erfahre ich durch die genaue Beschreibung, die Madame Tan abgibt, dass es sich nur um Ulrike und Jan handeln kann. Folgendes hatte sich zugetragen: Die eindringliche Warnung, nicht per Taxi in Richtung Siem Reap zu fahren, hätten die beiden ausgeschlagen. Außerhalb der Hauptstadt, so das Gerücht, würden immer wieder Straßenbarrieren vom Militär errichtet. Wer diese ohne Wegzoll in Form einiger Dollars oder Zigaretten passiert, bekäme Schwierigkeiten mit den vom Staat mit Hungerlöhnen besoldeten Soldaten.

Scheinbar hatte der Fahrer nicht genügend bezahlt und war achtlos weitergefahren. Daraufhin eröffnete ein Soldat das Feuer. Jan wurde die

Hüfte durchschossen und Ulrike am Fuß verletzt. Beide seien nach Bangkok ins Amerikanische Krankenhaus geflogen worden.

„Heute morgen kam ein Angestellter der Deutschen Botschaft und hat ihre Sachen abgeholt", sagt Madame Tan. Beide wollten nur wenige Tage wegbleiben und hatten ihre Rucksäcke hier zurückgelassen.
Diese Neuigkeit schockiert mich, da ich fast im Begriff war, die Gefahren allmählich zu unterschätzen und in Frage zu stellen. Ich erinnere mich an das Gespräch mit Jan und seine Vorfreude auf die Reise mit der *Transsib*. Wie schnell doch feste Pläne durch unvorhersehbare Ereignisse scheitern können.

Heute, an meinem vorletzten Tag in Kambodscha, steht mir der Sinn nach etwas Kultur. Ich lasse mich zum Königspalast bringen. Die Anlage mit den pagodenartigen Dächern und verschnörkelten Giebeln gilt als offizielle Residenz des 1993 zum zweiten Mal gekrönten Norodom Sihanouk. Leider sind die eindrucksvollen Bauwerke aus Sicherheitsgründen für Besucher gesperrt, und ich kann sie nur durch die rundum angebrachten Gitterstäbe betrachten. Jedoch ist die Silberpagode zugänglich. Obwohl die Familiengruft der Königsfamilie in Anlehnung an den prächtigen Palast Wat Phra Keo in Bangkok entstanden ist, fällt sie insgesamt viel schlichter aus.

Es ist zu heiß, um weiter herumzulaufen. Ich setze mich in der Nähe des Marktes unter einen Sonnenschirm. Bei der jungen Frau am dazugehörigen Stand bestelle ich *Toek grolock*, ein exotisches Fruchtshake aus Milch, Eigelb, Papaya, Mango, Trauben und Äpfeln. Durch das hinzugefügte, zerkleinerte Eis ist es angenehm kühl.

Der Tod des Tropenvogels

Auf dem Weg zurück ins Gasthaus überkommt mich eine melancholische Stimmung, denn morgen vormittag schon fliege ich nach Bangkok zurück.

Als Earle mich mit dieser Laune sieht, schlägt er mir ermunternd auf die Schulter.

„Heute abend werden wir im FCC den Abschied gebührend feiern."

Das sagt er zu mir mit einer Bestimmtheit, die keinen Widerspruch duldet. Ich nicke stumm und lege mich in die Hängematte, meine Gedanken ordnend.

Das Außergewöhnliche am Foreign Correspondence Club am Ufer des Tonlé Sap-Flusses ist der Escort-Service, der jeden Abend ab zehn Uhr den Gästen angeboten wird. In Konvois werden die Besucher nach Hause oder in die Hotels zurückgebracht, denn Touren auf eigene Faust können lebensgefährlich sein. Von diesem Angebot erfahren wir von anderen Reisenden, die ein paar Tage vorher den FCC besucht hatten.

Natürlich seien die Gerichte viel teurer als die bei Madame Tan, doch dafür besitze der Club auch ein ganz eigenes Flair. Die Beschreibungen haben uns neugierig gemacht. Kurz nach Sonnenuntergang lassen wir uns auf Mopeds hinfahren. Für sämtliche Fahrer scheint der FCC eine Institution zu sein, und ohne Umwege werden wir davor abgesetzt. Ich blicke auf die geöffneten Fenster im ersten Stock und dann auf den gegenüberliegenden Fluss, dessen Fluten die rötlichen Strahlen des verblassenden Sonnenuntergangs in ein mildes Licht tauchen.

„Wie schön muss doch von dort oben die untergehende Sonne zu sehen sein", sage ich zu Earle.

„In den nächsten Tagen werde ich mir das Schauspiel mal ansehen", nickt er.

Dann gehen wir hinauf. Von der Einrichtung bin ich überwältigt. Vielleicht sind wir tatsächlich per Zeitmaschine in den Zwanzigern gelandet. Tief dunkelbraune Ledersofas und -sessel, in denen ältere Männer Zigarren rauchen und in französischen Journalen blättern, vermitteln eine behagliche Atmosphäre. Hinter einer lang gezogenen Theke aus dunklem Teakholz poliert der Barkeeper gelangweilt den Cocktailshaker. Auch das Restaurant hat schon geöffnet. Kellner in frisch gestärkten, weißen Livrees servieren französische und italienische Weine in schweren Kristallgläsern sowie eine breite Palette an Gerichten der internationalen Küche. Cremefarbene, ausladende Ventilatoren an der Decke heben das koloniale Ambiente nur noch mehr hervor. Die Tische sind alle besetzt. Earle und ich nehmen in den Ledersesseln Platz. Wir wollen uns einen Aperitif genehmigen.

„Scotch, Whisky oder Gin?", fragt uns der Kellner mit einem selbstsicheren Lächeln.

Wir entscheiden uns für Whisky. Als wir am Tisch Platz nehmen, bringt er uns die Speisekarte. Die italienischen Gerichte, die wir bestellen, zergehen uns fast auf der Zunge. Wie lange haben wir doch nicht mehr so etwas gegessen? Dazu genießen wir einen guten Rotwein. Auch dieser Geschmack ist uns fast fremd geworden.

„Was für ein stilvoller Abschied", sage ich zu Earle.

„Daran könnte man sich fast gewöhnen", nickt er zustimmend.

Wir bleiben für mehrere Stunden. Draußen ist es bereits stockdunkel. Aber es gibt ja den Escort-Service! Beruhigt und zuversichtlich genieße ich meinen letzten Abend in Phnom Penh. Gegen Mitternacht beschließen wir den Rückzug. Wir gehen nach unten und warten auf den Konvoi, der uns sicher zurückbringen soll. Vor dem Haus empfängt uns eine Traube an Mopedtaxis, Fahrrad-Rikschas und anderen Fahrzeugen. Wir gelten als potentielle Fahrgäste, und jeder stürzt auf uns zu, redet und feilscht, doch wir bleiben ruhig. Wie zwei Felsen in der Brandung stehen wir und warten.

Nichts geschieht. Ich gehe wieder nach oben und frage nach.

„Wurde gestrichen", murmelt der Barkeeper, ohne mich anzublicken. Als ich es Earle erkläre, steht mir der Schock noch im Gesicht geschrieben. Mit irgendjemandem schutzlos durch die nächtliche Stadt zu fahren – danach steht mir nun wirklich nicht der Sinn.

„Was für andere Möglichkeiten haben wir?", frage ich Earle.

„Keine", kommentiert er nüchtern unsere Situation und winkt die zwei nächstbesten Mopedfahrer heran.

„Boeng Kak Lake Guesthouse, direkter Weg, ein Dollar – okay?", gibt er den beiden Fahrern deutlich zu verstehen. Sie nicken, und wir schwingen uns auf die Rücksitze. Wir bedeuten den Fahrern, dicht hintereinander zu bleiben. Sie rasen durch die nächtlichen, fast menschenleeren Straßen. Phnom Penh wirkt jetzt wie eine Geisterstadt. In Windeseile überqueren wir Kreuzungen. Gruppen von jungen Männern stehen an Hauswände gelehnt und warten. Warten auf was? Mir ist irgendwie mulmig zumute. Bilde ich mir nur ein, dass der Fahrer auch so schnell wie möglich ans Ziel gelangen möchte?

Dann blitzt schon die schwarze Fläche des Sees vor uns auf. Noch ein paar staubige Gassen entlang, und wir sind endlich am Gasthaus angelangt. Eilig kassieren die Fahrer die Dollars und machen sich dann aus dem Staub – genauso schnell, wie sie gekommen sind, zurück zu den sicheren, belebten Straßen am Flussufer.

Ich wünsche Earle zum letzten Mal eine gute Nacht und gehe in mein Zimmer. Im Halbdunkel des Raumes sehe ich meinen Rucksack fix und fertig gepackt an der Wand stehen. Zeit, wieder loszuziehen, denke ich mir und schlafe ein. In dieser Nacht habe ich einen seltsamen Traum: An einer der großen, breiten Alleen sitzt in einem Mangobaum ein bunter Tropenvogel und pfeift leise vor sich hin. Plötzlich sehe ich hinter einer Mauer einen Jungen mit einem Luftgewehr. Er zielt auf den Vogel. Als ich zu ihm hinrennen will, versagen meine Beine. Ich sacke zusammen und falle hin. Da höre ich den Schuss. Der Vogel fällt tot vom Baum, direkt neben mich.

Schweißgebadet erwache ich vom Lärm. Es ist das Klingeln meines Weckers, den ich auf neun Uhr morgens gestellt habe. Ich bemerke mein

Zittern und bleibe noch ein paar Minuten liegen, um mich zu beruhigen. Dann stelle ich mich unter die kalte Dusche. Immer noch muss ich an den Traum denken. Wie wenig doch ein Menschenleben hier zählt, kommt mir plötzlich in den Sinn. Vielleicht hat mich der Traum vom toten Vogel auch nur zu sehr sensibilisiert. Ich beschließe, nicht mehr länger darüber nachzudenken.

Earle sitzt schon auf der Terrasse bei seiner zweiten Tasse Kaffee. Er trägt den exotischen bunten Sarong Sot vom Markt lässig um die Hüften gebunden.

„Sieht schick aus!"

Er grinst und freut sich über mein Kompliment.

Bald muss ich los. Earle will mich zum Flughafen begleiten. Eigentlich möchte ich noch gar nicht fort von hier und versuche, das Weggehen so lange wie möglich hinauszuzögern.

„Jetzt müssen wir aber los, sonst verpasst du noch den Flieger."

Wie durch einen Schleier dringen Earles Worte zu mir herüber.

„Ich komme ja schon."

Aus dem Zimmer hole ich den Rucksack und die mittelgroße Reisetasche mit all den gesammelten, liebgewonnenen Andenken. Draußen auf der Straße steigen wir auf zwei Mopeds. Während Earle meinen Rucksack auf den Rücken geschnallt hat, halte ich die Tasche auf dem Schoß. Die Fahrt zum zehn Kilometer entfernten Flughafen vergeht schnell. Earle begleitet mich noch in die Abflughalle. Wir sagen beide nicht viel. Eine Umarmung und ein paar geschriebene Worte, die ich ihm auf seinen weiteren Weg mitgebe – das ist der Abschied.

Am Abend bin ich wieder in Bangkoks Khao San Road, wo ich mir ein Zimmer im Charoen-Hotel nehme. Der dunkle Holzboden, der nach Bohnerwachs riecht, ein großes Bett mit schneeweißer Damastwäsche und Moskitonetz sowie ein fast lautloser Ventilator sind das richtige Ambiente, um die Reise abschließen zu können. Ich setze mich an den kleinen Tisch und bringe meine Gedanken zu Papier. Als ich aufblicke, sehe ich einen winzigen, fast transparenten Gecko bewegungslos auf dem Weiß der Wand verharren.

Der Gedanke an Lärm, Trubel, Begegnungen mit Travellern und das Beantworten irgendwelcher Fragen ist mir im Moment zuwider. Ich beschließe, in der Ruhe des Zimmers zu bleiben. Auch am nächsten Tag unternehme ich nur das Nötigste, kaufe Souvenirs für Freunde und gehe essen.

Schließlich sitze ich im Minibus zum Flughafen und dann im Flieger zurück nach Deutschland. Ich habe einen Fensterplatz und sehe der glutroten Sonne zu, wie sie langsam versinkt und Thailand, Burma und die Länder Indochinas in den Schlaf schickt.

„Das gelbe Fieber“ nannten die Franzosen einst ihr Kolonialreich. Doch was war es tatsächlich – diese eigentümliche, tiefe Sehnsucht nach den fernen Ländern am anderen Ende der Welt? War es die Gewissheit, sie niemals als Heimat betrachten zu können, oder war es die Erkrankung ihrer Seele, durch die sie die Widersprüchlichkeit mit all der berauschenden Exotik nie verstehen lernten? Ich habe keine Antwort darauf.

Iatros Verlag
Tel.: (0 61 33) 92 73 20
Fax: (0 61 33) 92 73 17
Best@iatros-verlag.de
www.iatros-verlag.de

HANS ZENGELER
AbLeben
Aufzeichnung aus einer erdfernen Welt
ISBN 3-937439-60-9

DR. ALFRED JAHN
Thailand anders: Erlebnisse eines Kinderchirurgen
ISBN 3-937439-38-2

DR. CHRISTOPH S. KERN
Mein Jakobsweg
ISBN 3-935314-02-7

DR. KAPLAN/ECKSTEIN (Hrsg.)
Kinderchirurg Dr. Alfred Jahn und die Waisenkinder von Kigali
ISBN 3-937439-38-2
Dr. Suzanne Kaplan interviewte Jungen, die den Genozid überlebten

DR. H.-M. GROSSE-OETRINGHAUS
Zwischen Schreibtisch und dem Kreuz des Südens
Afrika – Mittelamerika – Südamerika
Reportagen über das Reisen und Schreiben und über Kinder, die aktiv sind
ISBN 3-937439-65-X

HANSPETER WEISS
Fehler und Fehlverhalten in der Medizin
ISBN 3-937439-77-3

SABINE BURCHHARDT
Zwischen Indianertradition und Cowboyromantik
ISBN 3-937439-59-5

DR. SUZANNE KAPLAN
Kinder im Holocaust – damals und heute
Affekte und visuelle Erinnerungen nach extrem traumatischen Erlebnissen
ISBN 3-937439-17-X

LUDVIG IGRA
Die dünne Haut zwischen Fürsorge und Grausamkeit
ISBN 3-937439-85-4

DR. CHRISTOPH S. KERN
In Trost und Würde bis zum Tod
Der Hospizgedanke im Krankenhaus
ISBN 3-937439-10-2